JN002887

小学 5・6 年生対象

中学受験 理科

地頭の良い子に勝つ
最後の授業

【伝家の宝刀】
力学・天体・化学計算の解法

東　荘一【著】

最難関テーマには本質的な解法があります

前著『地頭の良い子に勝つ 17 日間の授業』で述べた、偏差値に差がつく分野（以下）のうち、最もハードルの高いテーマを赤字にしました。これらが最難関になってしまう理由は、本編でくわしく解説します。

◉ 物理（電気）：電気回路、電熱線、磁力線、電磁石
◉ 物理（力学）：てこ、かっ車、輪軸、ばね、ふりこ、浮力
◉ 地学（天体の動き）：太陽、月、星
◉ 化学（化学計算）：中和、溶解度

そもそも最難関テーマには、**ブレなく最速で正解にたどりつく方法**が存在するのに、それは教科書や参考書で語られていません。

その**本質的な解法（＝伝家の宝刀）**を公開するのが、本書なのです。

本書で解説する解法は、**教育の現場で偏差値アップを証明**してきたもの。この方法を習得した生徒の成績は、かならず上がります。覚えるのではなく**習得**しさえすれば、**かならず**ですよ。

本書を何度もくりかえし読んで、理解して、問題を同じ方法で解きましょう。**同じ方法で解く**ことをくりかえしていけば、おどろくほど**短期間で習得**することができるはずです。

どうか、安心して自信をもって、学習を進めてくださいね。

目 次

第4章 化学計算（化学）　121

第1章

近道で確実に効率よく！

理科はテーマによって、得点につながる学習方法が異なります。

【学習の段階】

> 1. 単純に覚える

> 2. 仕組みを理解する

> 3. 練習して身につける

【テーマによって異なる勉強法】

- 単純に覚えるだけで、得点できるテーマ
- 仕組みの最重要ポイントを、理解しなければならないテーマ
- さらに、正解する練習を重ねて、身につける必要があるテーマ

そして、偏差値に最も大きく差がつくのは次に示したテーマ。その理由は、第3段階（練習して身につける）まで必要だからです。理解するだけでは、本番の限られた時間で点を取ることができません。

【偏差値に最も大きく差がつくテーマ】

- 物理（電気）：電気回路、電熱線、磁力線、電磁石
- 物理（力学）：てこ、かっ車、輪軸、ばね、ふりこ、浮力
- 地学（天体の動き）：太陽、月、星
- 化学（化学計算）：中和、溶解度

以上のテーマを**苦手な順番**に並べ、最も苦手なテーマから順に**苦手でなくしていく**ことが、効率的な「偏差値アップの勉強法」といえます。

多くの人が苦手な順番のトップにするのは、以下に示したテーマのどれかではないでしょうか。

【苦手のトップにくるテーマ】

- ● 物理（力学）：てこ、かっ車、輪軸
- ● 地学（天体の動き）：月、星
- ● 化学（化学計算）：中和、溶解度

これらが、最難関テーマになってしまう理由と対策を、はじめに解説しておきます。

【物理（力学）】

上下方向の力だけでなく、新たに登場するのは**回転方向の力**。これらすべての力が、同時につり合う条件を考える必要があります。

上下方向の力＋回転方向の力

【地学（天体の動き）】

地球から見る天体の動き。地球は自転しながら太陽のまわりを公転し、月も自転しながら地球のまわりを公転しています。宇宙空間における、**立体的な天体の動き**をイメージしなければなりません。

【化学（化学計算）】

水みたいな 2 種類の水溶液を混ぜても、やはり水のよう。いったい水の中では、どのような**化学反応**がおきているのか。混ぜる水溶液の量によって異なる結果を、計算で正確に示すことが求められるでしょう。

これらのテーマに共通するのは、**論理的かつ高度な思考能力が必要**になるということ。小学 5 年生の後半でやっと整う能力レベルであるため、取りくむ時期を早めることはできないのです。

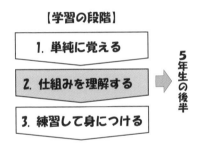

第 2 段階（仕組みを理解する）を終えてから、受験の本番までに第 3 段階も完了しなければなりません。つまり、取りくむ期間はとても短く、時間との戦いになります。だからこそ、まわり道をさけて、**なるべく近道で習得する必要がある**わけです。

ところが多くの人は、このような難易度の高いテーマに対して、さまざまな問題集や参考書と向き合ってしまいます。そして、解きかたのコツをさがしながら、行ったり来たりしているのではないでしょうか。

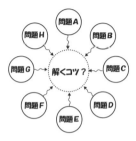

時には自己流のテクニックや裏ワザに、道を求めることがあるかもしれません。とはいえ、小手先のワザは万能でないため、逆に遠まわりとなることさえあります。

そもそも、理科というのは自然現象を考えるものなので、かならず理解しておくべき**本質**というものがあるわけです。本質を理解しないまま目先の問題に向き合っていても、ひたすら問題によってブレ続けることになってしまいます。

あらためて、冷静に考えてみましょう。理科の各テーマにおける本質は、それほど多くありません。それなのに、試験問題が山ほど存在するのはなぜでしょうか。それは、**本質から目をくらませる**方法を、出題者がせっせと考え出しているからです。

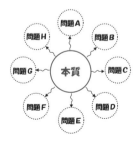

もう気がつきましたか？　注目すべきは多くの問題ではなく、本質だということ。各テーマの本質を知ってしまえば、問題に目はくらまないのです。つまり、**最速の必勝法とは各テーマの本質を知ること。**

さらに、各テーマの本質を知ってしまうと、**点を取るための最重要ポイント**があり、**すばやく正解するための本質的な解法**が存在することに気づきます。普通の勉強では届きにくい、偏差値アップの核心（物事の中心である大切な部分。特に重要なツボ。）というものがあるわけです。

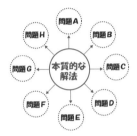

本書で解説するのは、各テーマの最重要ポイントと本質的な解法であり、まさに「偏差値アップの核心」。覚えるのではなく**本質的な解法（＝伝家の宝刀）を習得**してしまえば、すべての基本問題に対して、ブレなく最速で正解にたどりつくことができるはずです。

[学習の段階]

1. 単純に覚える

2. 仕組みを理解する ⇨ **最重要ポイントの理解**

3. 練習して身につける ⇨ **本質的な解法の習得**

要するに、第2段階で「点を取るための最重要ポイントを理解」し、第3段階で「本質的な解法を習得」するのです。**伝家の宝刀**を習得して、**近道で確実に効率よく、合格に向けて進んでいきましょう！**

本書の各章と前著『地頭の良い子に勝つ 17 日間の授業』との関係は、以下のようになります。なお、前著の「第１章 偏差値アップの勉強法」および「第４章 参考」は、学習全般における最優先の内容です。本書の大前提でもあるため、かならず理解しておいてください。

【第2章　力学（物理）】
事前の知識は、特に必要ありません。

【第3章　天体（地学）】
この章は、前著「第２章 地学 太陽の動き１・２・３」の続きという位置づけになります。

【第4章　化学計算（化学）】
前著の「第２章 化学 ろうそくの燃焼」「第３章 化学 水溶液の性質」を理解してから、本書に取りくみましょう。

2 冊の図書で取りあげていないテーマや、主要な演習問題については、ホームページで解説しています。以下のサイトを活用しながら、必要な部分を強化してくださいね。

中学受験 理科 偏差値アップの勉強法
https://rikanojugyou.jp

力学（物理）

「てこ」「かっ車」「輪軸」は、力学における基本中の基本であり、山ほど参考書や問題集が市販されています。しかしながら、本当の実力をつける方法とは、決して多くの情報に接することではありません。

本質の理解こそが近道なのだと、頭を切りかえていただきたいのです。

後にくわしく解説していきますが、**「てこ」の解法はたった1つ**だし、**「かっ車・輪軸」の着目点は3つ**だけ。本質さえ知ってしまえば、すべての基本問題を同じ考えかたで解くことができるのですよ。

苦手な人は、この事実を知らないまま、時間だけが過ぎていく状態ではないでしょうか。これから説明する**本質的な解法**を習得してしまえば、異なる問題に対しても向き合いかたは同じなのです。

「なるほど～！」と納得するだけではなく、本質的な解法を**練習して習得**しなければなりません。本番で合格点を取るためには、短い時間で正解にたどりつく練習をすることが、絶対に必要であることを忘れないでくださいね。

▶▶▶ 1 てこ

(1) てこの本質

まずは、球の話から始めましょう。球には重さ（重力：地球が引っぱる力）があるので、何もしなければ下に落ちるはずです。重さ（下向きの力）は重心にはたらきますが、重心は今のところ物体の中心と考えてください。後にくわしく説明していきます。

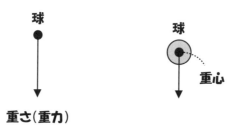

この球をじっとさせる方法は2つあり、1つめは下からささえること。このとき「指がふれている球のa点」に、上向きの力を加えています。

2つめの方法は上から引っぱることで、「糸がふれている球のb点」に上向きの力を加えているわけですね。

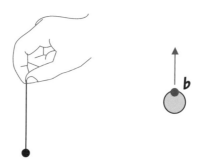

下からささえた場合は、下図のように上下方向の力がつり合っているから、球はじっとしています。

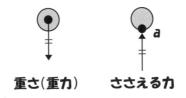

また、上から引っぱるのも、上下方向の力をつり合わせるためです。

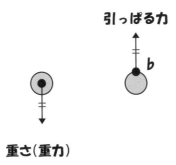

ここで気づいていただきたいのは、**力学**を考えるときには手や指や糸の絵など関係ないということ。重要なのは、**「物体のどこに」「どちら方向の力」**がはたらくかです。物体にふれているところには、かならず上下のどちらかに力がはたらくと考えてください。

なお、左右方向のつり合いも上下方向と同じ考えかたなのですが、それを問う試験問題はほとんどないため、本書では説明しません。

【最重要ポイント】

- ● 重さ（重力：下向きの力）は、物体の重心にはたらく。
- ● 物体にふれたところには、上下方向のどちらかに力がはたらく。
- ● 上下方向のつり合いとは、「上向きの力＝下向きの力」。

棒も球と同じで、何もしなければ重さ（重力）で下に落ちます。棒の重心に球があるようなものだと、考えればよいでしょう。

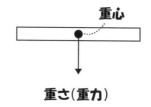

重さ（重力）

棒に対する力がつり合うためには、下からささえるか、

上から引っぱること。

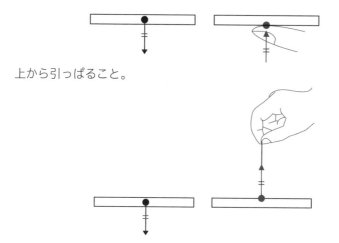

ところで、ささえる位置・引っぱる位置が、重心からずれるとどうなるか。上下方向の力はつり合っているのに、棒はじっとしないのです。

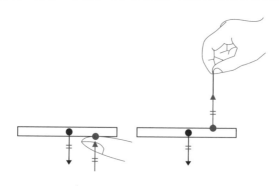

このとき何がおきるのかというと、やってみれば分かりますが、棒は回転します。つまり、球とちがって、棒の場合は**回転運動**を考える必要があるということです。

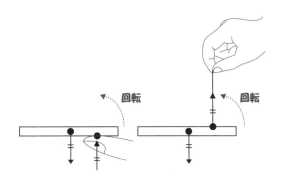

棒には上下運動だけではなく、**回転運動**というものが生じます。ある条件（後にくわしく説明します）を満たさなければ、たとえ上下方向の力がつり合っていたとしても、棒は回転してしまうのです。

つまり、棒のつり合いでは、上下運動と回転運動の２つを同時に考えなければなりません。

いまの時点で理解していただきたいのは、たった１つだけで、棒には回転運動があるということ。ここから先は、棒の回転について、さらにくわしく解説していきます。

【最重要ポイント】

- ● 棒には、上下運動と回転運動がある。
- ●「上向きの力＝下向きの力」なら、上下運動はしない。
- ● 棒がつり合うためには、さらに回転運動も考えなければならない。

さて、話をふりだしにもどしますね。ここに、**重さのない棒**があるとしましょう。棒の重心から、球がぬけたような状態だと考えてください。宇宙空間にいるみたいな感じですね。

棒の a 点を、強さ A の力で下向きにおすと、どうなるでしょうか？

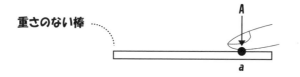

この場合、棒に対する力は 1 つ（下向きの A）なので、もちろん棒は下に落ちます。では、力 A が棒に回転運動を与えるとしたら、「時計まわり・反時計まわり」どちらの方向だと思いますか？

ほとんどすべての人が「時計まわり」と答えるのですが、正解は「どちらとも考えられる」なのです。これは、**とても重要**なことですよ。

棒の b 点をささえると、たしかに力 A は、b 点を中心として「時計まわり」に回転させようとします。A という **1 つの力**が、「下向き」「時計まわりの回転」という **2 つの役割**をはたしているわけです。

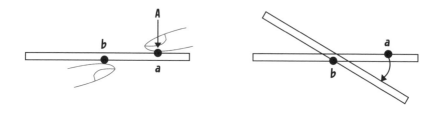

棒のc点をささえても、力Aが棒に回転させようとするのは、c点を中心にした「時計まわり」です。

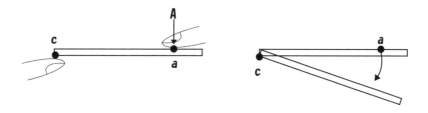

ところが、棒のd点をささえると力Aは棒に、d点を中心とした「反時計まわり」の回転をさせようとします。この場合、力Aの役割は、「下向き」「反時計まわりの回転」の2つですね。

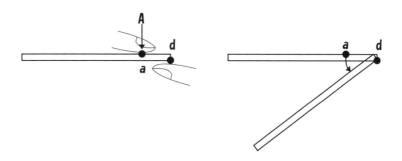

これまでの例を、さらに別の視点から見てみますよ。b点をささえる力をBとしたとき、力Bは棒に対してどのような回転をさせようとしているのか？　それは、a点を中心にした「時計まわり」の回転です。

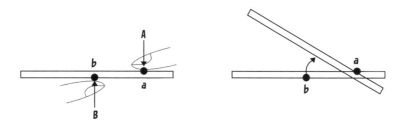

c 点をささえる力 C は、a 点を中心にした「時計まわり」の回転。

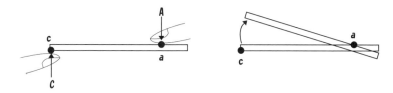

そして d 点をささえる力 D は、a 点を中心にした「反時計まわり」の回転を、棒に加えているといえます。

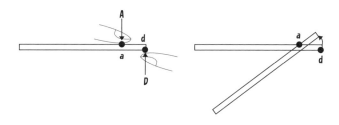

ここまでの話を、あらためて整理してみましょう。a 点の力 A（下向き）と b 点の力 B（上向き）が同じ大きさなら、上下方向にはつり合っています。

ところが力 A は b 点を中心にして「時計まわり」、力 B は a 点を中心にして「時計まわり」に回転させようとするので、棒は回転します。棒のつり合いを保つには、逆に「反時計まわり」の力が必要です。

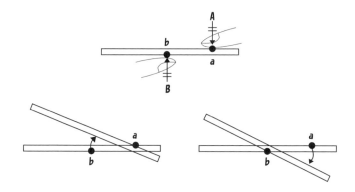

a点の力A（下向き）とc点の力C（上向き）が同じ大きさであれば、上下方向はつり合います。

いっぽう力Aはc点を中心に、力Cはa点を中心にして「時計まわり」に回転させようとしているため、棒は回転してしまいます。棒のつり合いを保つには、「反時計まわり」に回転させようとする力が必要です。

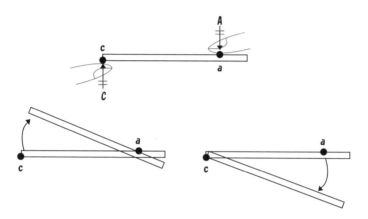

また、a点の力A（下向き）とd点の力D（上向き）を見ても、同じ大きさなら上下方向はつり合うはず。

それでも力Aと力Dはともに、棒を「反時計まわり」に回転させようとします。「時計まわり」の力がなければ、棒の回転を止めることはできないわけです。

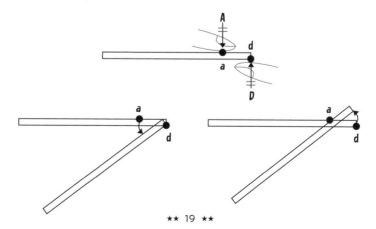

棒に加えられる 1 つの力は、棒に対して **2 つのはたらき**（上下方向と回転方向）をします。上下方向については、かならず上方向か下方向のどちらか。ところが回転方向については、**棒のどこを回転の中心として考えるか**で、「時計まわり」にも「反時計まわり」にもなるのです。

くりかえしますが棒のつり合いは、上下方向だけでなく回転方向も考えなければなりません。そのとき注意するべきことは、いま自分がどこを **回転の中心**として考えているのか、絶対に忘れてはならないということと！

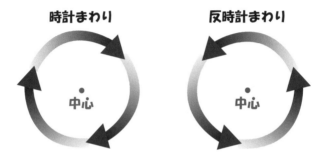

棒というのは、**どこを中心にしても回転する**ことができます。ところがラッキーなことに、正解するために考えるべき「回転の中心」は、**たった 1 点しかありません**。なんと解きかたは、1 つだけ。それ以外の点を「回転の中心」として考えても、絶対に解けないのです。

のちに本質的な解法として解説しますが、すべての基本問題を同じ方法で解くことができるという点だけ、覚えておいてください。

【最重要ポイント】

- 1 つの力には、2 つの役割（「上下方向」「回転方向」）がある。
- 上下方向・回転方向ともにつり合ったとき、棒はつり合う。
- 回転方向（時計まわり・反時計まわり）は、中心によって変わる。
- 棒の回転を考える最大のポイントは、回転の中心。

ここから先は、さらに力学の本質にせまっていきますので、すこし気持ちを新たにして学習を進めてくださいね。

重さのない棒に、ふれているのは4つの異なるもの。棒にふれたところには、かならず上下方向のどちらかに力がはたらきます。

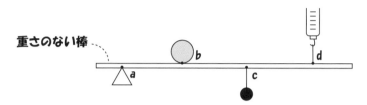

それぞれを、こまかく見てみましょう。各点の状態として3つの絵を示しますが、3つとも力学的には同じであることを確認してください。

【a点】

【b点】

【c点】

【d点】

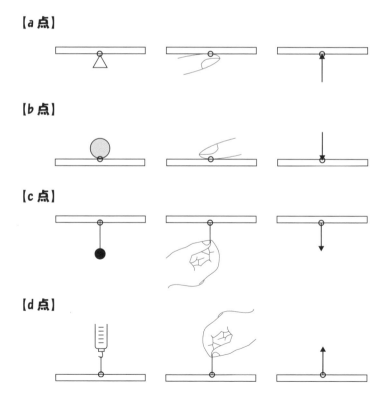

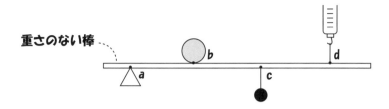

この棒に加えられる力は、要するに以下の4つです。

　　◎ a 点を、上向きにおす。

　　◎ b 点を、下向きにおす。

　　◎ c 点を、下向きに引っぱる。

　　◎ d 点を、上向きに引っぱる。

「支点」「おもり」「ばねはかり」など異なる絵が出てきても、結局のところ棒にはたらく力は「上向きの力」か「下向きの力」となります。

つまり力学的に見れば、スッキリとした下の図。力学ですから、絵の違いは関係ありません。慣れるまでは、問題用紙に力を示す矢印を書きこんでくださいね。すぐに**力学の目**となるので、書きこみは必要なくなるはずです。

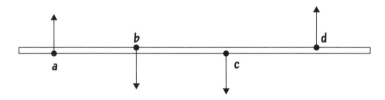

あとは、上下方向と回転方向のつり合いだけ。これで準備運動は完了です。

【最重要ポイント】

● さまざまな絵が出てきても、結局は「上向き」か「下向き」の力。

● 慣れるまでは、問題用紙に矢印を書きこむ。

● あとは、上下方向と回転方向のつり合いを考えるだけ。

（2）本質的な解法（３つのステップ）

解法の前に、棒がつり合う仕組みを理解しましょう。棒のつり合いは、2つ（上下方向と回転方向）の条件を満たさなければなりません。試験問題の棒はじっとしているので、もちろん2つとも満たしています。

上下方向のつり合い

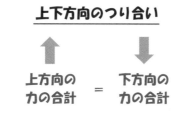

上方向の
力の合計　=　下方向の
力の合計

回転方向のつり合い

時計まわりの
回転力の合計　=　反時計まわりの
回転力の合計

2つの条件が整ってはじめて、棒はつり合った状態といえるのです。

回転力の大きさ＝「棒にはたらく力」×「回転の中心から力までの長さ」。ここから先は、「回転方向のつり合い」を「回転力のつり合い」と呼ぶことにします。

回転力の大きさ

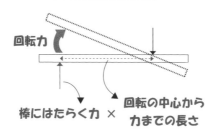

回転力

棒にはたらく力　×　回転の中心から
力までの長さ

たとえば、下の図を使って考えてみましょう。

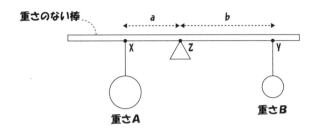

棒に何かがふれると、ふれた所に必ず力が加わります。上図の場合だと、
X 点・Y 点・Z 点の 3 か所。そして、力の向きは、

◎ X 点：下向き（大きさを A とする）

◎ Y 点：下向き（大きさを B とする）

◎ Z 点：上向き（大きさを Z とする）

慣れるまでは図の上に矢印を書いてから、考えはじめてくださいね。

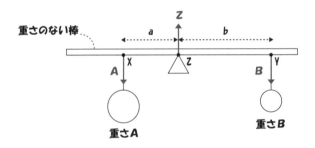

上下方向のつり合いから、「Z ＝ A ＋ B」。ここで 1 つ気づいていただ
きたいのは、Z・A・B のうち不明な力が 1 つだけなら、この式で解決
してしまうということです。残りの 2 つは、与えられているのだから。

その場合は、次に解説する回転方向のつり合いを、考える必要はありま
せん。めったにありませんが、覚えておけばお得ですよ！

どこを回転の中心として考えるかで、つり合いの式が変わることに注意が必要です。たとえば、回転の中心を Z 点として考えてみましょう。力 Z は「**回転の中心までの長さ＝０**」のため回転力もゼロとなります。

回転の中心を Z 点として考える場合

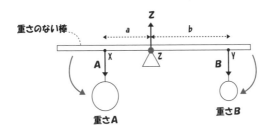

次の３つについては、**かならず図に書きこむ**ようにしてください。

◎ **回転の中心**を示すマーク（この場合は Z 点）

◎ **力 A による回転力**を示す矢印（この場合は反時計まわり）

◎ **力 B による回転力**を示す矢印（この場合は時計まわり）

どんなに慣れても、この３つは絶対に必要、もちろん**入試の本番**でも行います。なぜならば、これを書かずに間違えるケースが多いからです。

A × a（反時計まわりの回転力）＝ B × b（時計まわりの回転力）

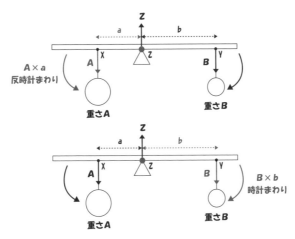

回転の中心をＹ点として考えれば、下図のようになります。3つ（回転の中心・時計まわりの回転力・反時計まわりの回転力）をかならず書きこんでくださいね。特にこの場合は書きこまないと、ケアレス・ミスをする可能性が非常に高くなってしまいます。

回転の中心をＹ点として考える場合

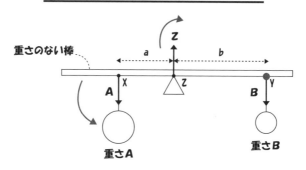

回転の中心マークがあると、(a + b) の部分が確実になりますね。

$A \times (a + b)$（反時計まわりの回転力）＝$Z \times b$（時計まわりの回転力）

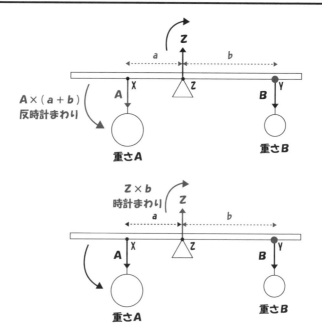

最後は、回転の中心をX点として考える場合で、さきほどと左右が逆になった感じ。3つ（回転の中心・時計まわりの回転力・反時計まわりの回転力）の書きこみを、確実に行いましょう。いかにもケアレス・ミスしそうなパターンですね。

回転の中心をX点として考える場合

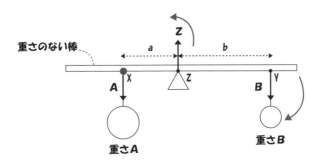

回転の中心マークによって、(a + b) の部分にミスがなくなります。

$Z \times a$（反時計まわりの回転力）= $B \times (a + b)$（時計まわりの回転力）

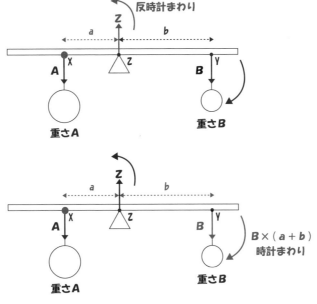

以上で第2段階（仕組みを理解する）を終えます。これまでの最重要ポイントをすべて整理しておきますので、復習に活用してください。

【学習の段階】

> **1. 単純に覚える**

> **2. 仕組みを理解する**
> 　（最重要ポイントの理解）

> **3. 練習して身につける**
> 　（本質的な解法の習得）

【最重要ポイント】

- 重さ（重力：下向き）は、物体の重心にはたらく。
- 物体にふれたところには、上下方向のどちらかに力がはたらく。
- 上向き・下向きの力の合計が同じなら、上下方向にはつり合う。
- 1つの力には、2つの役割（「上下方向」「回転方向」）がある。
- 上下方向・回転方向ともにつり合って、棒はつり合う。
- 回転方向（時計まわり・反時計まわり）は、中心によって変わる。
- 棒の回転を考える最大のポイントは、回転の中心。
- さまざまな絵が出てきても、結局は「上向き」か「下向き」の力。
- 慣れるまでは、棒にはたらく力を問題用紙に矢印で書く。
- 回転力の大きさ
  ＝「棒にはたらく力」×「回転の中心から力までの長さ」
- 大きさの不明な力が1つだけなら、上下方向のつり合いで解ける。
- 「回転の中心」の考えかたで、回転方向のつり合い式は変わる。
- 回転の中心にはたらく力の回転力はゼロ。
- 「回転の中心を示すマーク」「時計まわり・反時計まわりの回転力を示す矢印」を、入試の本番でも必ず図に書きこむ。

つり合いの解きかたは、自動的に決まる！

これから出会うさまざまな試験問題も、違いは「棒に加えられる力の数」のみでしょう。「支点」「おもり」「ばねはかり」「手や指」などは絵の違いにすぎず、**力学的には棒のどこかに「上方向の力」か「下方向の力」を加えているだけ**ですから。

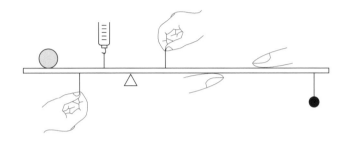

上のような問題が出ても、8つの力が棒に加えられているだけであって、力学的には下図と変わりません。力学に慣れるとは、**上の絵を下図のように見る**ということです。かと言って、試験中に下図を問題用紙に書くわけではありませんよ（慣れるまでは力の矢印だけ書きこむ）。

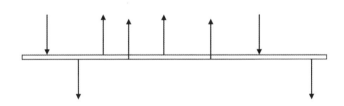

それにしても複雑な問題だなー、と思う人もいるでしょうが、まったく複雑ではありません。なぜならば、力の数が多くても**大きさが分からないのは「1つ」または「2つ」**であり、3つ以上だと解けないからです。

のちに解説する本質的な解法の出発点として、「大きさの分からない力が3つ以上あると解けない」ことの確認からはじめてみましょう。

棒の3点（a・b・c）に、3つの力（A・B・C）がはたらいており、大きさが3つとも分からないと、どうなるのでしょうか。a点からb点までの長さX、b点からc点までの長さYは、与えられているとします。

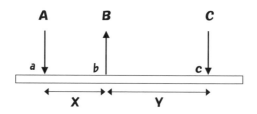

上下方向のつり合いから、3つの力は「**B ＝ A ＋ C**」という関係にあることが分かります。

次は、回転方向のつり合いです。回転の中心をa点にすると力Aの回転力はゼロで、B（反時計まわり）とC（時計まわり）を考えます。回転の中心からの長さに注意すると、つり合いの式は、

B × X = C × (X + Y)

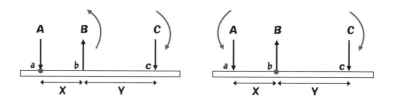

回転の中心をb点にすると力Bの回転力はゼロで、考えるのはA（反時計まわり）とC（時計まわり）。つり合いの式は、

A × X = C × Y

c 点を回転の中心とする場合は、力 C の回転力がゼロで、A（反時計まわり）と B（時計まわり）を考えることになります。つり合いの式は、

A × (X + Y) = B × Y

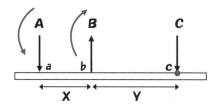

これら 4 つの式（上下方向：1 つ　回転方向 3 つ）から、A・B・C の値を求めることはできません。逆にいえば、てこの問題では、**大きさの分からない力を 3 つ以上ふくむことはない**ということになります。

そうすると、分からない力は「1 つ」または「2 つ」のみ。はじめの例にもどれば、登場する 8 つの力のうち、「6 つ」または「7 つ」は与えられているはずなのです。

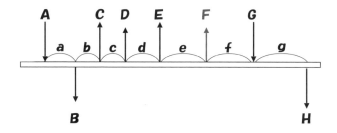

たとえば上図で、分からない力が 1 つだけ（赤色の F）なら、「上下方向のつり合い」から求めることができてしまいます。

上方向の力　　　**下方向の力**

C + D + E + F　=　A + B + G + H

不明なのは左辺のFだけ、かんたんですね。回転力を考える必要は、まったくありません。ただし、このような問題には、めったにお目にかかることがないでしょう。

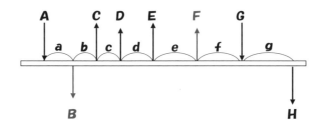

上図のように、黒色の力6つ（A・C・D・E・G・H）と長さ（a～g）は、与えられるとします。このとき、赤色の力2つ（BとF）を求めるには、「回転方向のつり合い」「上下方向のつり合い」ともに必要です。

たとえば**Bを先に求めるなら、Fの点を回転の中心と考え**、必要な印を書きこみます。そうすることによって、Fの回転力がなくなり、回転力のつり合い式にFは登場しなくなるわけです。

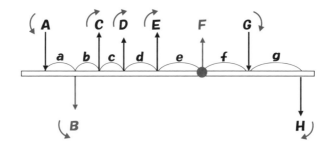

A 〜 H（F をのぞく）の回転力は、以下となります。

【A：反時計まわり】　　A ×（a + b + c + d + e）

【B：反時計まわり】　　B ×（b + c + d + e）

【C：時計まわり】　　　C ×（c + d + e）

【D：時計まわり】　　　D ×（d + e）

【E：時計まわり】　　　E × e

【G：時計まわり】　　　G × f

【H：時計まわり】　　　H ×（f + g）

反時計まわりの回転力	＝	時計まわりの回転力
$A \times (a + b + c + d + e)$		$C \times (c + d + e)$
$+ B \times (b + c + d + e)$		$+ D \times (d + e)$
		$+ E \times e$
		$+ G \times f$
		$+ H \times (f + g)$

B を求めたら、上下方向のつり合いによって、残る F が決定します。

もちろん、みなさんが出会うほとんどの試験問題は、**分からない力が 2 つ**のはず。しかも、その場合は、解きかたが**自動的に決定**してしまいます。逆にいうと、その解きかたいがいの方法では、絶対に解けません。

つまり、**どの基本問題も解きかたは完全に同じ**ということです。

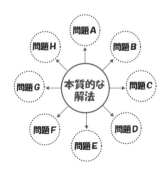

いよいよ、第 3 段階です。本書で本質的な解法を理解したら、あとは**同じ解法で練習**してください。きわめて短い期間で、習得できますよ。

【学習の段階】

1. 単純に覚える

2. 仕組みを理解する 　（最重要ポイントの理解）

3. 練習して身につける 　（本質的な解法の習得）

本質的な解法（3 つのステップ）

【ステップ 1】

　分からない力が**1 つ**だけなら、上下方向のつり合いで完了。

　分からない力が**2 つ**であれば、先に求める力を決める。

【ステップ 2】

　もういっぽうを「**回転の中心**」にして、

　回転力のつり合いで、先に求める力を決定する。

【ステップ 3】

　上下方向のつり合いで、もういっぽうを決定する。

ここから先では、「支点」「おもり」「ばねはかり」「手や指」などの絵は登場しません。そろそろ慣れてきたでしょうから、力学の目による絵だけで解説していきますね。

3つの力（A・B・C）のうち、Cの大きさは与えられ、AとBは分かりません。Aは棒のx点に、Bはy点、Cはz点にはたらきます。また、x点からz点までの長さはa、y点からz点までの長さはbで、2つとも与えられています。

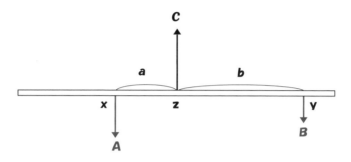

【ステップ1】

分からない力は、AとBです。分からない力が2つあるので、たとえばAを先に求めると決めて、ステップ2へ。

【ステップ2】

もういっぽうのBが棒に力を加えるy点を、回転の中心として考えることが自動的に決まります。

回転力のつり合いを考える前に、「回転の中心を示すマーク」「AとCによる回転力の矢印」を図に書きこむことを、忘れないでくださいね。

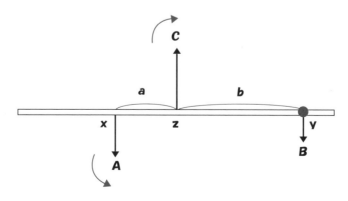

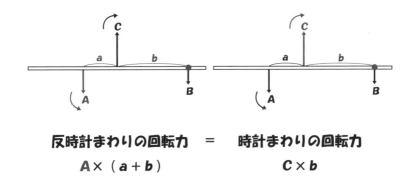

反時計まわりの回転力　＝　時計まわりの回転力

$$A \times (a + b) \qquad\qquad C \times b$$

回転力のつり合いから、A を求めることができました。

【ステップ 3】

上下方向のつり合いから、B を決定します。

上方向　　　　　下方向
$$C \qquad = \qquad A + B$$

これで完了。次は、同じ絵の別パターンに、解法を使ってみましょう。

3 つの力（A・B・C）のうち、B の大きさは与えられ、A と C は分かりません。A は棒の x 点に、B は y 点、C は z 点にはたらきます。また、x 点から z 点までの長さ a と、y 点から z 点までの長さ b は与えられています。

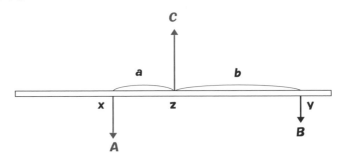

【ステップ1】

分からない力は、AとCの2つです。今回も、Aを先に求めることにして、ステップ2に進みます。

【ステップ2】

もういっぽうのCが棒に力を加えるz点を、回転の中心として考えることが自動的に決まります。

「回転の中心を示すマーク」「各力による回転力の矢印」は、入試の本番でも図に書きこんでくださいね。

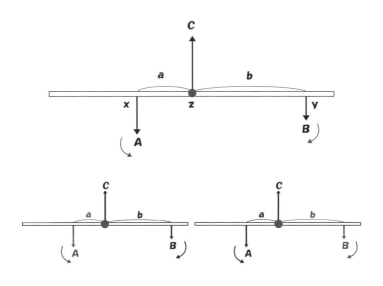

反時計まわりの回転力	＝	時計まわりの回転力
$A \times a$		$B \times b$

回転力のつり合いから、Aを求めることができました。

【ステップ3】

上下方向のつり合いから、C を決定します。

$$\underline{上方向} \qquad \underline{下方向}$$
$$C \qquad = \qquad A + B$$

これで完了。次は、さらに別パターンで、解法を使います。

3 つの力（A・B・C）のうち、A の大きさは与えられ、B と C は分かりません。A は棒の x 点に、B は y 点、C は z 点にはたらきます。また、x 点から z 点までの長さは a、y 点から z 点までの長さは b で、2 つとも与えられています。

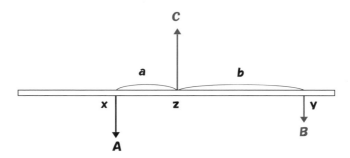

【ステップ1】

分からない力は、B と C です。今回は、C を先に求めてみましょう。分からない力が 2 つあるので、ステップ 2 に進みます。

【ステップ2】

もういっぽうの B が棒に力を加える y 点を、回転の中心として考えることが自動的に決まります。

「回転の中心を示すマーク」を図に書きこまずに、まちがえる人が多くなるパターンです。じつは、B を先に求めるほうが、まちがえる人は少なくなるので、あとで確認してみてくださいね。

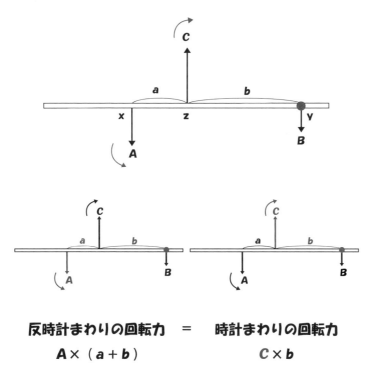

反時計まわりの回転力　=　時計まわりの回転力

$$A \times (a + b) \qquad\qquad C \times b$$

回転力のつり合いから、C を求めることができました。

【ステップ3】

上下方向のつり合いから、B を決定します。

上方向 　　　　**下方向**

$$C \quad = \quad A + B$$

解法が 1 つだけなので、基本問題であれば、すべて同じ解説となってしまいます。どれも同じだと分かれば、ゴールはもうすぐですよ！

（3）重さのある棒も解法は同じ

次は、棒に重さがある場合を考えます。

「重さのない棒」を、宇宙空間で棒の重心から球がぬけたような状態、と説明しました。「重さのある棒」とは、逆に宇宙空間から地球にもどり、**棒の重心に球がもどった感じ**ですね。

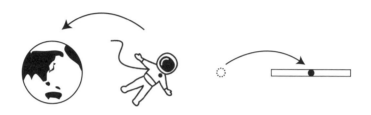

重さは、もともと棒の全体に広がっています。いっぽう、**全体の重さが棒の重心に集まっている**と考えても、力学的には同じことです。なぜならば、じっさい重心の下を指でささえると、棒はつり合いますから。

太さが同じ棒の重心は、棒の中心です。棒の中心を指でささえると、つり合いますよね。力学的に「太さが同じで、重さのある棒」とは、「重さのない棒」の中心に、棒と同じ重さの球があるようなものです。

この状態は、**棒と同じ重さのおもりを、重心につるす**のと同じですね。

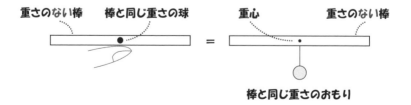

そのため解きかたとしては、重さのない棒の解法に、**おもり（棒と同じ重さ）が１つ中心に加わるだけ**です。具体的には、おもりを問題用紙に１つだけ書きこんでから、解き始めます。

たとえば以下のつり合いで、棒に重さがあるとします。

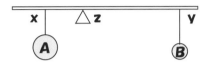

問題文で棒に重さがあると分かったら、**おもりを問題用紙の図に書きこみましょう**（たとえば、「おもり・重さ」の「お」とか）。

そうしなければ、いつのまにか棒に重さがあることを忘れてしまい、かぎりなく正解から遠ざかってしまいます。もちろん、棒の重さが与えられていれば、その値も書きこんでくださいね。

下図の左は問題用紙に書きこんだようす、右は力学的なイメージです。

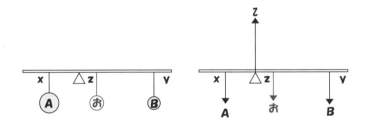

【最重要ポイント】

● 太さが同じで重さのある棒
= 「重さのない棒」＋「棒と同じ重さのおもり（棒の中心）」

● 問題文で棒に重さがあれば絶対に、おもりを図に書きこむ。

次は、形が一定でない棒です。

太さが同じ棒と異なり、形が一定でなければ、重心は棒の中心にありません。逆にいうと、力学的に見れば、太さが同じ棒とのちがいは「重心の位置」だけといえます。

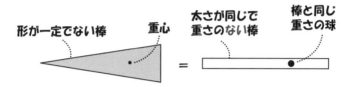

解きかたとして、棒と同じ重さのおもりを重心につるす点は、同じです。ちがいは「重心の位置」であり、問題文の中には**重心の位置を知るためのヒント**がかならず与えられるはず、と考えてください。

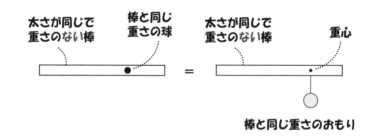

問題文で棒の重さ（D とする）と重心の位置が分かったら、問題用紙の図に書きこみましょう。形が一定でない棒の場合は、おもりだけでなく、**「太さが同じで、重さのない棒」**も書きこみます（右図）。

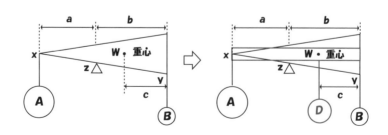

さらに、「太さが同じで、重さのない棒」にはたらく力も書きこみ（左図）、問題用紙の図を力学的なイメージで見ていきます（右図）。もはや、もとの棒の形には目もくれません。

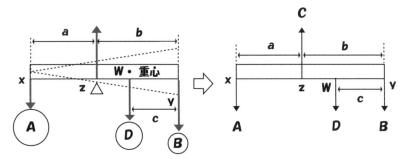

形が一定でない棒において、「太さが同じで、重さのない棒」も書きこむ理由は、以下の2点です。ミスを防ぐために、オススメします。

【理由1】

　　頭の中を、「太さが同じで、重さのない棒」に切りかえる。

【理由2】

　　回転力における、「回転の中心から力までの長さ」のミスを防ぐ。

たとえばyを回転の中心としたとき、Aの回転力（反時計まわり）を計算するための「回転の中心から力までの長さ」は、「x-y（左図）」ではなく「a＋b（右図）」。細かなミスを防ぐということも、実力のうちですからね。

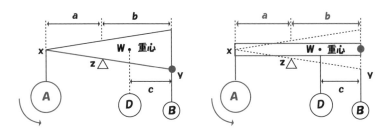

【最重要ポイント】

● 形が一定でない重さのある棒
　＝「太さが同じで重さのない棒」
　　＋「棒と同じ重さのおもり（棒の重心）」
● 問題文に、重心の位置を知るためのヒントがある。
● 棒の重さと重心の位置が分かったら、「太さが同じで、重さのない棒」「おもり」「はたらく力」を図に書きこむ。

ここから先の手順は、これまでとまったく同じ。試験問題によって、解きかたは変わりません。

ねんのため、例題を1問やってみます。1問だけしか例題を示さない理由は、基本問題であれば重心の位置さえ分かってしまうと、すべて同じ解説となってしまうからです。

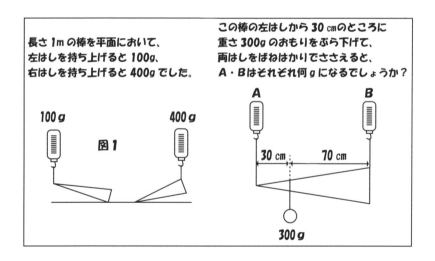

図1は、棒の重さと重心の位置を示すヒントでした。床と、ばねはかりでは、ささえることに変わりがないので下図と同じ。上下方向のつり合いから、棒の重さは 500g であることが分かります。

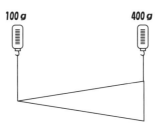

棒の重心を「回転の中心」として考えると、左はしの 100 g は時計まわり、右はしの 400 g は反時計まわりですから、回転力のつり合い式から

100g × a = 400 g × b

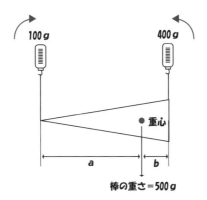

よって、「a：b ＝ 4：1」から、a は 80cm、b は 20cm となります。これで、棒の重さと重心の位置が分かりました。

あとは、本質的な解法のステップにしたがって考えていくだけです。その前に、**棒・おもり・力を図に書きこむこと**、忘れないでくださいね。

いまの時点で、問題用紙は書きこみ（赤字）によって、左図のような状態になっているはずです。右図は、問題用紙の絵を見ながら、頭の中に浮かんでいる力学的なイメージを示しています。

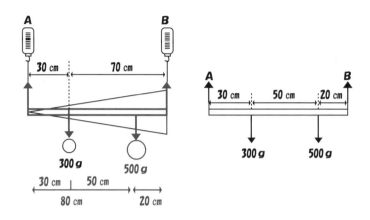

【ステップ 1】

分からない力は、A と B の 2 つです。A を先に求めることにして（B でも良いですが）、ステップ 2 へ。

【ステップ 2】

もういっぽうの B から、棒に力が加えられる点を、回転の中心として考えます。

「回転の中心を示すマーク」「各力による回転力の矢印」を、かならず問題用紙の絵に書きこんでください。

【ステップ2 (つづき)】

回転力のつり合い式から、A は 310 g となります。

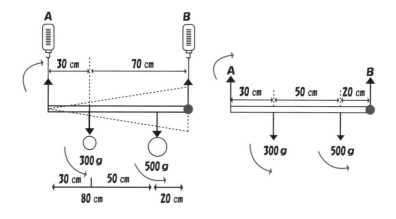

時計まわりの回転力	=	反時計まわりの回転力
A ×（30 cm + 70 cm）		300g × 70 cm + 500g × 20 cm

【ステップ3】

上下方向のつり合いから、B は 490 g です。

上方向		下方向
A + B	=	300g + 500g
A	=	310g

▶▶ 2　かっ車と輪軸

(1) 本質的な解法（3 つの着目点）

「てこ」を完了しているため、「かっ車と輪軸」では、すでに第 2 段階を終えた状態といっても良いでしょう。

そのため開始するのは、いきなり第 3 段階からです。本質的な解法として、かっ車と輪軸には追加の着目点が 3 つありますので、具体的な考えかたを順番に解説していきます。

【学習の段階】

1. 単純に覚える

2. 仕組みを理解する
　（最重要ポイントの理解）

3. 練習して身につける
　（本質的な解法の習得）

本質的な解法（3 つの着目点）

【着目点 1】　同じ糸なら、どの部分にも同じ力がはたらいている。

【着目点 2】　動かっ車は、上下に一体となって動く部分が、何ヶ所でささえられているか確認する。

【着目点 3】　「仕事量」という考えかた。

かっ車の重さがあれば、重さを問題用紙の絵に書き込むこと！

（2）かっ車

【着目点 1】
同じ糸なら、どの部分にも同じ力がはたらいている。

1 本の糸があり、A 点と B 点を同じ力で左右に引けば、力はつり合います。A 点の力を変えずに動かさず、糸をのばして C 点を引いても、さらに糸をのばして D 点を引いても、つり合うために必要な力は B 点と同じはず。

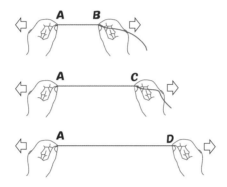

つまり、同じ糸の中では、どの部分にも同じ力がはたらいて、つり合っているわけです。

下図の定かっ車でささえる 10g のおもりは、同じ糸でつながる右はしを、10g で引くからじっとしています。力の大きさでは得をしませんが、力の向きと違う方向におもりを動かせる利点があります。

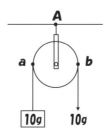

定かっ車のa点とb点は、同じ糸が下向きに張っています。この定かっ車は、左側の糸から10ｇ、右側の糸から10ｇ、合計20ｇの力で下向きに引かれているわけです（糸がA点を下向きに引く力も20g）。

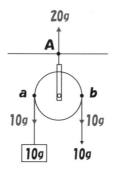

よって、上下方向のつり合いから、定かっ車をつないでいる天じょう（A点）は、20ｇの力で全体をささえていることになります。

【着目点2】
<u>動かっ車は、上下に一体となって動く部分が、何ヶ所でささえられているか確認する。</u>

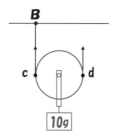

上図は動かっ車で、上下に一体となって動く部分（赤色の部分）は、2ヶ所でささえられています（動かっ車の重さは考えない）。

しかも2ヶ所とも同じ糸ですから、同じ力のはず。つまり赤色の10gを、同じ力2つでささえているわけです。よって、それぞれは5gずつとなります。

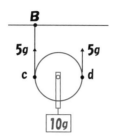

Bにつながっている糸も同じ糸で、同じ糸にはどの部分にも同じ力がはたらきますから、B点にはたらく力も5g。つまり、おもりの重さをB点に半分ささえてもらい、力で得する道具といえます。

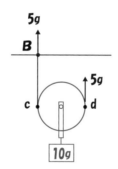

動かっ車の重さを考えない例で説明しましたが、重さがあっても考えかたは同じ。一体となって動く部分に、かっ車の重さが加わるだけです。

ミスをなくすために、問題用紙の図に、かっ車の重さを書きこんでください。間違える人はほとんど、かっ車に重さがあることを、いつのまにか忘れてしまうのですよね。

たとえば、動かっ車の重さが 10g であると、問題文に書かれていたと
しましょう。ほとんどの場合、問題文で動かっ車の重さが与えられてい
ても、問題用紙の図に重さは印刷されていません。

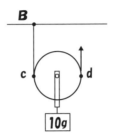

すかさず、問題用紙の図に、10g を書きこんでください。すぐに書か
ないと、いつのまにか忘れてしまい、正解から遠ざかってしまいますよ。

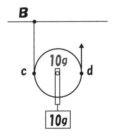

一体となって動く部分（赤色）の重さ 20g を、同じ力 2 ヶ所でささえ
ているので、それぞれは 10g ずつですね。

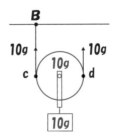

【着目点3】
仕事量という考えかた

「仕事量」という考えかたがあります。「1 kg の物体を 2 m 運ぶ仕事量」
と、「2kg の物体を 1m 運ぶ仕事量」は同じというイメージ。「力」と「きょ
り」のどちらかを得すれば、どちらかで損するということです。得のし
ほうだい、損のしほうだいはないと考えてください。

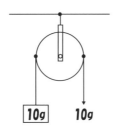

定かっ車は、10 g のおもりをささえるのに、10 g の力が必要です。「力」
で得も損もしていませんから、「きょり」に損得はありません。おもり
を 10cm 持ちあげるためには、糸を 10cm 引きます。

「力」「きょり」ともに、得も損もありませんが、「力」の方向を変えら
れるのが利点です。たとえば、必要な「力」に体重を利用することもで
きますね。

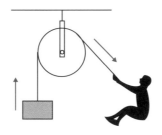

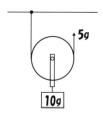

いっぽう動かっ車は、5 g の力で 10 g のおもりをささえることができます。「力」で得をしていますから、損するのは「きょり」。つまり、おもりを 10cm 持ちあげるのに、糸を 20cm 引き上げなければなりません。

以上が「本質的な解法（3 つの着目点）」であり、かっ車の場合は、3 つの着目点を同時に考えるパターンも存在します。なぜならば、「定かっ車の利点」と「動かっ車の利点」を同時に得るための道具として、「組み合わせかっ車」と呼ばれるものがあるからです。

以下の場合、600g のおもりをささえる力「X」は何 g でしょうか？かっ車の重さは考えません。

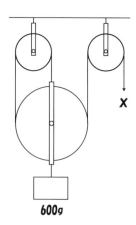

【着目点 1】 同じ糸の力は同じ

この「組み合わせかっ車」では、1本の同じ糸が使われており、どの部分にも同じ力がはたらいています。

【着目点 2】 何ヶ所でささえているか

上下に一体となって動く部分を赤色で示しました。同じ糸3ヶ所で、ささえられていることが分かります。上下方向のつり合いを考えると、3ヶ所の力の合計は600g。

同じ糸では、どの部分にも同じ力がはたらきますので、それぞれ200g（600g ÷ 3）となり、同じ糸の X も200g です。

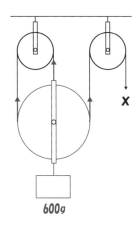

【着目点 3】 仕事量の考えかた

600g のおもりを3ヶ所でささえることによって、力は3分の1となりました。仕事量を考えると、糸を引く「きょり」は3倍になるはずです。たとえば、おもりを10cm あげるためには、糸を30cm 引き下げる必要があります。

以下の場合、600g のおもりをささえる力「A」は何 g でしょうか？

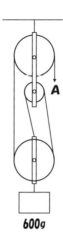

上下に一体となって動く赤色の部分は、同じ糸 3 ヶ所でささえられており、それぞれ 200g（600g ÷ 3）。同じ糸の A も、200g です。

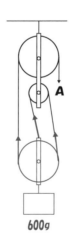

力は 3 分の 1 なので、「きょり」は 3 倍。おもりを 10cm あげるために、糸を 30cm 引き下げなければなりません。

以下の場合、600g のおもりをささえる力「B」は何 g でしょうか？

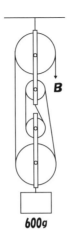

上下に一体となって動く赤色の部分は、同じ糸 4 ヶ所でささえられて
おり、それぞれ 150g（600g ÷ 4）。同じ糸の B も、150g です。

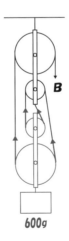

力は 4 分の 1 なので、「きょり」は 4 倍。おもりを 10cm あげるために、
糸を 40cm 引き下げる必要があります。

以下の場合、600g のおもりをささえる力「C」は何 g でしょうか？

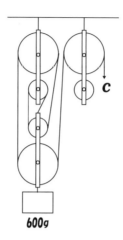

上下に一体となって動く赤色の部分は、同じ糸 5 ヶ所でささえられており、それぞれ 120g（600g ÷ 5）。同じ糸の C も、120g です。

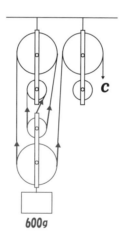

力は 5 分の 1 なので、「きょり」は 5 倍。おもりを 10cm あげるためには、糸を 50cm 引き下げることになります。

以下の場合、600g のおもりをささえる力「D」は何 g でしょうか？

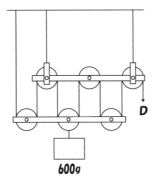

上下に一体となって動く赤色の部分は、同じ糸 6 ヶ所でささえられており、それぞれ 100g（600g ÷ 6）。同じ糸の D も、100g です。

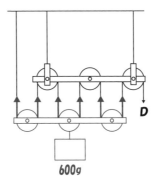

力は 6 分の 1 なので、「きょり」は 6 倍。おもりを 10cm あげるために、糸を 60cm 引き下げる必要があります。

3 つの着目点を頭に入れておくだけで、ササッと正解できるのではないでしょうか。

最後は、重さのある組み合わせかっ車です。以下のかっ車を 3 つとも 20g とした場合、E・F・G・H の力はそれぞれ何 g ですか？

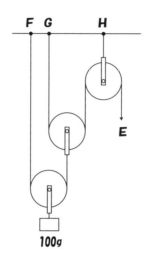

かっ車の重さが問題文で与えられたら、問題を解き始める前に、問題用紙の絵に書きこんでください。そうでなければ、ほとんど正解する可能性はない、といえるでしょう。解き始めるのは、以下の状態からです。

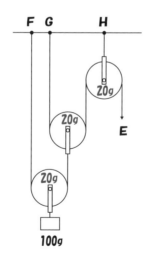

【着目点 1】同じ糸なら力は同じ

F から始まる糸と、G から E までの糸、2 本からなっています。もちろん、それぞれの糸はどの部分でも、同じ力がはたらいているはずです。

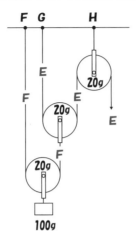

まん中の動かっ車には、F と E がはたらくため、左下の動かっ車（F のみ）から始めます。

【着目点 2】何ヶ所でささえているか

上下に一体となって動くのは 120g、ささえるのは 2 ヶ所で各 60g。

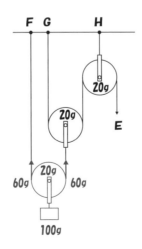

Fからつながる同じ糸は、どの部分でも同じ力がはたらくので、Fの力は60gです。この力を、天じょうがささえています。

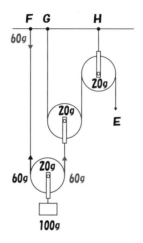

まん中の動かっ車は、上下に一体となって動くのが80g（動かっ車の20g＋左下の動かっ車から引かれる力60g）、ささえるのは2ヶ所で各40g。同じ糸なので、Eも40gです。

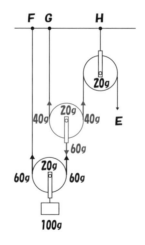

Gからつながる同じ糸は、どの部分でも同じ力がはたらくので、Gの力
は40gです。この力を、天じょうがささえています。

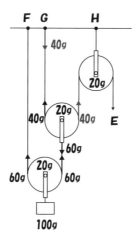

Hの力は100g（右上の定かっ車の重さ20g＋2ヶ所の糸から各40g）
です。この力を、天じょうがささえています。

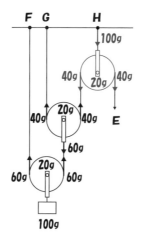

【着目点3】仕事量の考えかた

左下の動かっ車は、120g（おもり 100g、動かっ車 20g）をささえる
のに 60g、力で得します。よって、10cm あげるためには、まん中の動
かっ車を 20cm あげなければなりません。

まん中の動かっ車も力で 2 倍得する道具ですから、これを 20cm あげ
るために、右側の糸を引き上げるのは 40㎝。それは、E を 40cm 引き
下げることで実現します。

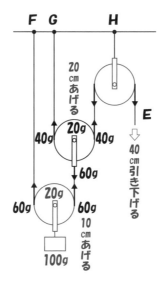

「おもりを上げる」という目的で、動かっ車の利点（小さな力）と、定かっ
車の利点（下向きの力）を、組み合わせた道具なのですね。

(3) 輪軸

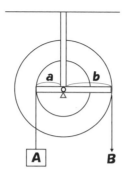

輪軸は、てこ（赤色の部分）だと考えましょう。「回転の中心」は真ん中です。「回転の中心」から長さ a の部分に重さ A のおもりがぶら下がっていて、長さ b の部分を力 B でささえています。

反時計まわりの回転力（A × a）＝ 時計まわりの回転力（B × b）

力 B が A の「2 分の 1」「3 分の 1」倍であれば、力で得をしているから、B を引き下げる長さは 2 倍・3 倍と考えてください。

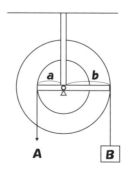

逆に力 A で B をささえるなら、損をするのは力 A です。力 A が B の 2 倍・3 倍なら、引き下げる長さは「2 分の 1」「3 分の 1」倍となりますね。

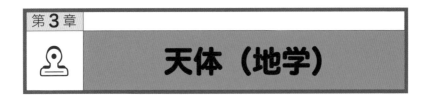

私たちが住む地球は、どうやら自転しながら公転もしているらしい。誰かに教わらなければ、そんなこと夢でさえも思わないでしょう。にわかには信じがたいのですが、やっぱり本当のことみたいです。

とはいっても、日常生活で地球の自転や公転を実感している人は、一人もいないでしょう。

地球に住む私たちが、地球の外にある天体を見るという今回のテーマ。地球の動きを感じていない私たちには、天体が動いているかのように見えてしまいます。しかも月は、形まで変化するわけです。

相手が、どのように動いて見えるのか。それは、「相手の動き」と「自

分の動き」との組み合わせで決まります。

私たちが「天体の動き」を学ぶ際に、考えなければならないのは、

   ① 月の公転（相手の動き）
   ② 地球の自転（自分の動き）
   ③ 地球の公転（自分の動き）

わずか３つです。これら３つと、「太陽の動き」「月の動き」「星の動き」との関係は、すべて異なります。

この違いをはっきりと理解して、自分で説明できるようになったら、「天体の動き」をマスターしたと言えるでしょう。

【参考】
月は自転していますが、地球から見た月の動きと形には関係ないので、上の３条件には入れていません。

「月の形と動き」では、「仕組みを理解せずに点を取る方法」の解説もしました。それで安心することなく、入試の本番までには、本編の内容をしっかりと習得するようにしてください。

なお天体は、宇宙空間の中を立体的に動いています。現実におこっている立体的な動きを、頭の中でイメージしながら納得することが非常に大事です。この点が、他のテーマと大きく異なる部分と言えますし、人によって理解度が大きく違ってくる理由でもあります。

ボールや電球など道具を使いながら、学習するのも良いでしょう。独特な「宇宙空間の世界」に、慣れ親しむようにしてください。

▶▶ 1　月の形と動き

（1）点を取るための解法（２つのステップ）

「月」の基本問題は、「形」と「時刻」と「方角」の組み合わせです。

ということは、

> ①　どんな形の月が
> ②　何時に
> ③　どの方角に見えるのか

をすべて覚えてしまえば、ほとんどの基本問題を正解できるはずですね。

そんなの無理、と思われるかもしれませんが、じつはカンタンにできることなんですよ。

仕組みを理解せずに点を取る方法から、先に伝えてしまいます。最初に安心して、その後じっくり取りくむ、そんな作戦でいってみましょう。

【月の形の変化】

まずは、月の形が変わっていくようすから。始まりは新月で、**右から**だんだん満ちていって上弦の月になります。

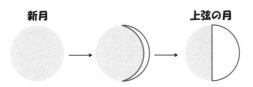

そして、さらに**右から**満ちて満月に。

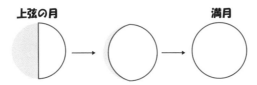

満月になると、**右から**欠けていき、下弦の月に向かいます。

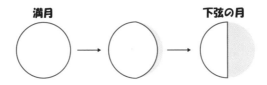

さらに**右から**欠けて、新月にもどるわけです。

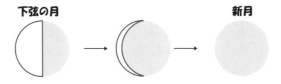

「右から満ちて右から欠ける」のルールで、形の変化は覚えられますね。

【時刻と方角】

次は、時刻と方角です。**新月の南中時刻は、太陽と同じで 12 時。**もはや決して忘れないでしょう。

あとは **3 時間ずつ遅く**なります。新月（南中時刻は 12 時）から新月にもどるまで、月の形が 8 回変わるので、24 時間 ÷ 8 ＝ 3 時間です。

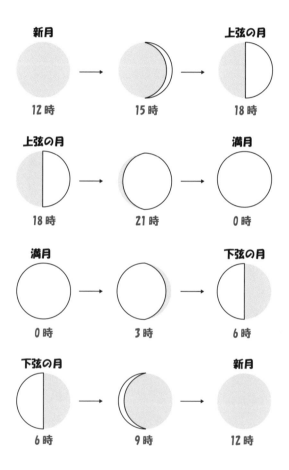

さて、試験で「月」の問題が出たら、問題用紙の空いたところに下図を書きこんでしまいましょう。形は「右から満ちて、右から欠ける」、南中時刻は「12時からスタートして、3時間ずつ遅れる」というルールだから、あっという間。書くのに、1分もかからないはずです。

これで私たちは、月の南中時刻をすべて知っている状態で、試験問題を解きはじめることになります。じつは、この絵さえ手もとにあれば、

① どんな形の月が
② 何時に
③ どの方角に見えるのか

すべて分かってしまうのです。その理由を、これから説明します。

その前に、太陽の「日の出」「日の入り」は、下図でAのとき。

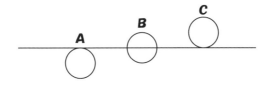

「月」の場合は、つねに満月ではなく形が変わるため、Aの位置では観測できないこともあるんです。そのため、「月の出」「月の入り」時刻を、BやCと考える場合もあります。ここから先は、「月の出」「月の入り」を、Cということで進めていきましょう。

ところで、試験問題の文中に、「月の形」が書いてあったとしましょう。
たとえば、「満月」についての問題であることが分かったとします。私
たちは、**満月の南中時刻が 0 時だと、すでに知っている**のです。

下の図は、「月の出」から「月の入り」までの 12 時間を、4 分割したもの。
それぞれの間は、3 時間ずつとなります。

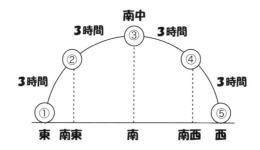

満月の南中時刻は 0 時。つまり満月は、0 時に③の位置です。

ということは、②は南中の 3 時間前だから 21 時、①は南中の 6 時間前
で 18 時、④は南中 3 時間後の 3 時、⑤は南中の 6 時間後である 6 時。
満月の**「時刻と方角」**は、すべて自動的に決まってしまうじゃないですか。

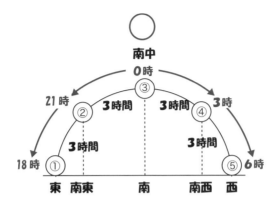

下の図は、12時間を6分割した場合で、それぞれの間は2時間ずつ。たとえば満月であれば、⑨の位置にくるのが0時です。

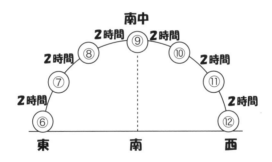

そうすると、⑧は南中の2時間前だから22時、⑦は南中の4時間前で20時、⑥は南中の6時間前である18時。

⑩は南中の2時間後で2時、⑪は南中の4時間後だから4時、⑫は南中の6時間後である6時。やはり、満月の「時刻と方角」は、すべて自動的に決まってしまいますよね。

そもそも私たちは、月の南中時刻をすべて知っているのです。だから問題文に「月の形」を見つけてしまったら、その月が何時にどの位置にくるのか、すべてバレバレ。南中時刻から逆算すれば良いだけですよね。

次に、問題文で「月の形」は分からないとして、「何時に、どの方角に見えた」のか示されているとしますよ。たとえば下図において、「21 時、南東に月が見えた」と問題文に書かれていました。まだ、「月の形」は分かりません。

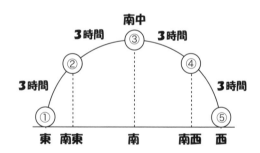

「21 時に南東」ですから、南中は 3 時間後の 0 時です。そうすると、この月は「0 時に南中する満月」ということになります。「月の形」がバレてしまえば、先ほどと同じように、すべてが明らかになったようなものですね。

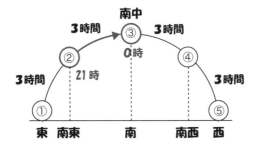

下図において、「4時に、⑪の位置に月が見えた」と、問題文に書かれていたとします。

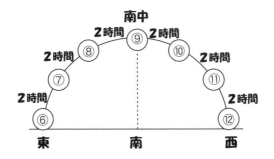

「4時に⑪」ですから、南中は4時間前の0時です。ということは、この問題は「0時に南中する満月」を問うもの。「月の形」が分かったので、すべてがバレてしまいましたね。

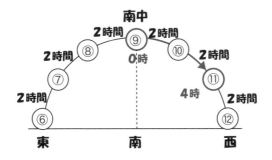

【満月が⑧に見えるのは何時？】

満月の南中は 0 時。⑧はその 2 時間前。よって 22 時。

【満月は 22 時にどの方角？】

満月の南中は 0 時。22 時はその 2 時間前。よって⑧。

【22 時に⑧の方角に見える月の形？】

⑧は南中の 2 時間前。南中は 22 時の 2 時間後で 0 時。よって満月。

「月」の基本問題は、「形」「時刻」「方角」の組み合わせですから、問題をつくる人は何かをヒントとして書かなければなりません。

もし「月の形」をヒントとして出せば、すでに私たちが知っている南中時刻から逆算すると、時刻と方角はすべて明らかに。「時刻と方角」がヒントなら、南中時刻を逆算すれば「月の形」が分かります。

つまり、ヒントを問題文から見つけてしまえば、「形」「時刻」「方角」のすべてが分かってしまうのです。ヒントのない問題など、あり得ません。ヒントを南中に置きかえると、丸見えの状態だということ。

この考えかたを「習得」すれば、基本問題のほとんどを解くことができるはず。**理解ではなく習得**です。「なるほど」と理解しただけでは、本番で点を取ることはできません。短い時間で正解にたどりつく練習を重ねてください。

今回のテーマでは、第2段階（仕組みを理解する）の前に解法を明らかにしてしまいましたが、ちゃんと次に解説する仕組みも完全に理解してくださいね。

【学習の段階】

1. 単純に覚える

2. 仕組みを理解する
　（最重要ポイントの理解）

3. 練習して身につける
　（本質的な解法の習得）

点を取るための解法（2つのステップ）

【ステップ1】　月の形と南中時刻の表を、問題用紙に書く。

【ステップ2】　問題文のヒントをもとに、「形」「時刻」「方角」を南中から逆算する。

（2）月の形と動き（基本編）

「月の形」は、「地球」と「月」と「太陽」との位置関係で決まります。たとえば、下図のように太陽の光が右から「月」を照らしているとしましょう。白色が明るい部分です。

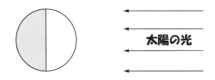

この月を A から見ると、見える部分はすべて影ですから新月です。E から見れば、見える部分がすべて明るいので満月。

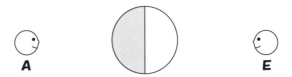

宇宙空間の月は、太陽の光が当たる側の半分は明るく、反対側の半分は影。その月が、地球のまわりを公転しています。

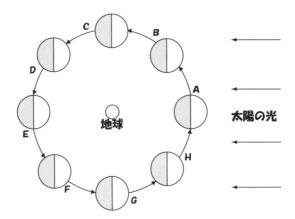

下図は、地球の北極側から見たもの。地球と太陽の位置関係から、「夏至の日」であることが分かりますね。

月は地球のまわりを、約1ヶ月かけて反時計まわり（西から東）に公転しています。月を分かりやすく示すために、地球を小さく書いていると考えてください。

地球から見えるのは、月全体のうち地球側の半分であり、向こう側（裏側）の半分は見えません（下図の赤線が月の見える部分）。

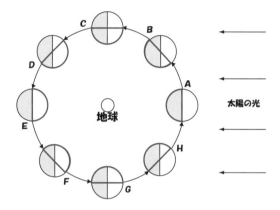

地球から見る月の形は、「月の明るい部分（光が当たる太陽側の半分）」と、「地球から見える月の部分（地球側の半分）」との組み合わせで決まるわけです。

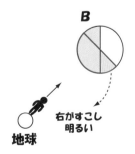

たとえば、地球からBの月を見ると、右がすこしだけ明るいですよね。

地球から月を順に見ていくと、A は新月で E が満月になります。B は、見える部分のうち、右側がすこし明るい状態。C は右半分が明るく、D は見える部分の右側がほとんど明るくなっています。

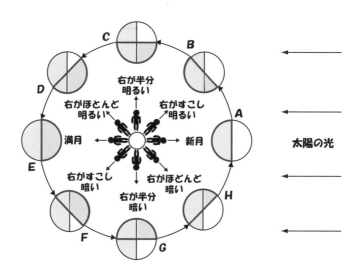

こうして、見える部分のうち左右のどちらが明るいのか（暗いのか）を順にたどれば、月の形が変化するようすを確認できるはずです。

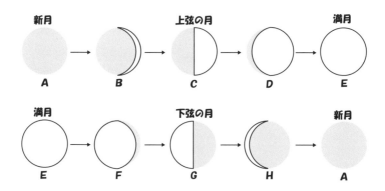

次に、地球を拡大してみましょう。「太陽の動き」で説明したように、地球における各地点の時刻と方角（南北のみ）を示すと、下図のようになります（真ん中が地球）。

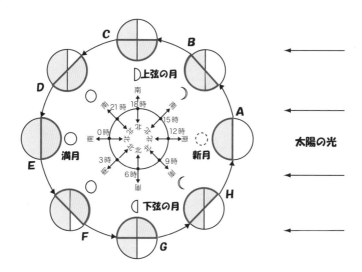

たとえば月A（新月）は、地球の12時の地点で太陽と同じ南の方角。つまり、12時に南中するということです。Bは15時、Cは18時に南中していますね。同じようにしてHまで見ていくことによって、私たちが問題用紙に書きこむ「月の形と南中時刻の一覧」が完成したのですよ。

この絵について、次のような質問を受けることがあります。

「G」の月は右側が明るいのに、なぜ左側が明るい「下弦の月」に見えるのですか？

天体については、机でテキストを見ながら考えるだけでなく、自分が実際に天体を見るつもりで実感してくださいね。

下図のように、地球で6時の地点に立っている赤色の人に、自分がなってみてください。そして、月「G」を見るのです。

赤色の人になることで、「下弦の月（月の左半分が明るい）」が見えましたか？

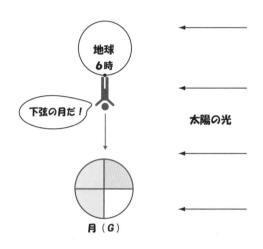

仕組みを知る前に覚えてしまいましたが、（1分で書ける）下の図は、月の旅に欠かせない良きガイド役となることでしょう。

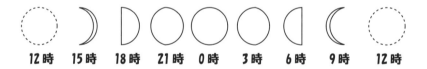

| 12時 | 15時 | 18時 | 21時 | 0時 | 3時 | 6時 | 9時 | 12時 |

【最重要ポイント】

- 地球から見る月の形は、「月の明るい部分」と、「地球から見える月の部分」との組み合わせで決まる。
- 自分が地球から、月を見るつもりで実感する。
- 月が南の方角にあるときの、地球の時刻が南中時刻。
- 太陽の方向にある月が、南中時刻12時の新月。

太陽の方向にあって、地球からは影の部分しか見えないのが新月。新月は太陽と同じ方向にあるため、南中時刻も太陽と同じ 12 時です。

これまでは太陽を右の方向（夏至の日）に置いて説明してきましたが、季節によって地球と太陽の位置関係は変わります。どんな場合でも、まずは太陽の方向にある新月をつかまえてください（下は「冬至の日」）。

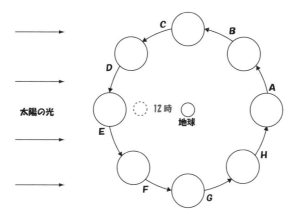

新月をつかまえたら、反時計まわりに「月の形」と「南中時刻」をルールにしたがって、問題用紙の絵に書きこんでいきましょう。A から H まで丸見えとなり、もはや何でも来いの状態ですね。

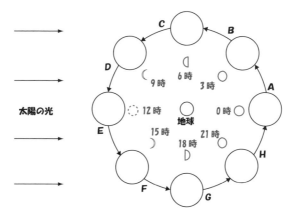

「秋分の日」も、まず C をつかまえて、

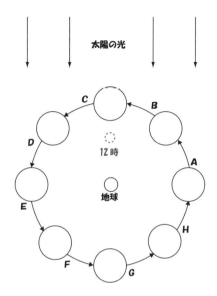

反時計まわりに、「月の形」と「南中時刻」を書きこみます。これで、A～H のすべてが明らかになりました。

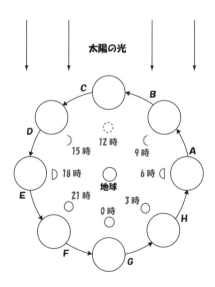

さまざまな形の月が、何時にどの方角に「ある」のか、を説明してきました。注意していただきたいのは、そこに月が「ある」からといって、「見える」とはかぎらないということ。

夜間（18時〜6時）は暗いから月が見えますが、昼間（6時〜18時）は明るくて見えないからです。

そのため、月の通り道を図に書くと、「見える部分（実線）」と「見えない部分（点線）」とに分かれます。

たとえば、新月の南中時刻は太陽と同じ12時ですから、「月の出」は6時で「月の入り」が18時。そもそも新月は影の部分なのに、「ある」のはずっと昼間ですから、なおのこと見えません（点線）。

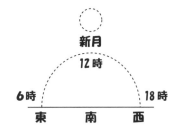

【最重要ポイント】

- ● 最初に、太陽の方向にある新月をつかまえる。
- ● 月が見えるのは夜間（18時〜6時）で、昼間（6時〜18時）は明るくて見えない。

逆に満月の南中時刻は0時であり、「月の出（18時）」から「月の入り（6時）」までずっと夜ですから、常に見えます（実線）。

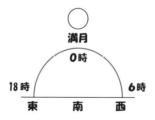

「上弦の月」は、「南中（18時）」から「月の入り（0時）」までが見える時間です。

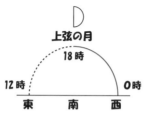

「下弦の月」が見えるのは、「月の出（0時）」から「南中（6時）」まで。

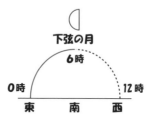

三日月（15時に南中）は、南西にくる18時頃から「月の入り（21時）」で西にしずむまでの、わずかな間しか見ることはできません。

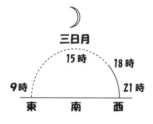

（3）月の形と動き（応用編）

以下の4つが、私たちの学習するおもな天体です。

　　・星（恒星）

　　・太陽（恒星）

　　・月（衛星）

　　・地球（惑星）

これらの天体と、「月の形と動き」との関係を、整理しておきます。

【星】

地球から見る「月の形と動き」に、星はまったく関係ないですね。

【太陽】

星や太陽のように、月はみずから光りません。太陽の光を反射するから、私たちは月を見ることができるということ。

地球から見る「月の形」は、太陽・月・地球の位置関係によって変わりますが、その位置関係を変える原因は、地球と月の公転です。地球の公転（季節の変化）によって「地球と太陽の位置関係が変わり、さらに月の公転も加わって、太陽・月・地球の位置関係が移り変わっていきます。

太陽は「月の形」を左右する重要な天体ですが、「月の動き」とは関係がありません。

【月の自転】

地球の北極上空から見ると、月は西から東に（反時計まわり）自転しながら公転しており、その周期はどちらも約 27.3 日です。つまり、自転で 1 回転するあいだに、公転でも 1 回転することになります。

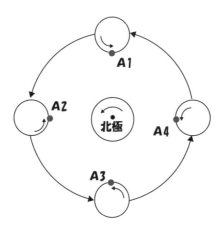

地球から見て月の表側にあたる、A1 地点に着目してみましょう。月が公転で「4 分の 1 回転」したとき、自転も「4 分の 1 回転」しているので、A1 地点は A2 地点にきます。

同様に、A2 地点から「4 分の 1 回転」した A3 地点も、さらに「4 分の 1 回転」した A4 地点も、もとの A1 地点と同じ。つまり、月はつねに地球に対して表側を向けており、地球から月の裏側を見ることはできないのです、。

月の模様が変わらないのは楽しいけれど、「月の自転」と地球から見る「月の形と動き」は関係がありません。

【月の公転】

月は地球の衛星であり、地球のまわりを公転しています。そのために、太陽・月・地球の位置関係が変化し、「月の形と動き」が変わっていくわけです。「月の形」の変化については、基本編で解説しました。

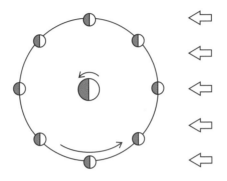

応用編では、月の公転と「地球から見る月の動き」の関係について、さらにくわしく解説していきます。

【地球の自転】

地球は西から東の方向に自転しており、地球に住む私たちは、つねに自転する地球とともに西から東へ移動しています。でも、私たちは誰も自分が移動しているとは思っていません。だから、逆に天体（太陽・月・星）が、東から西に移動するように見えてしまうわけですね。

地球の自転によって天体が東から西に動いて見えることは、太陽・月・星に共通することです。

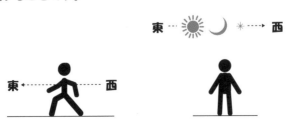

【地球の公転】

月は地球のまわりを公転しており、その地球は太陽のまわりを公転しています。「地球の公転」と「月の形と動き」の関係は、やや複雑ですよ。

図の A 点にある地球に対して、月が C 点にあるとします。C 点の月は、新月ですね。月が「C → D → E → F」と移動して、約 1 ヶ月後に再び新月になるとき、地球は公転して B 点へ。

このように、月は単純に地球のまわりを回転運動しているというよりも、**「らせん運動」**をしながら、地球とともに太陽のまわりを移動していることになります。

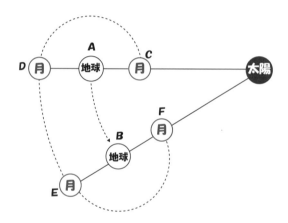

ただし、らせん運動というのは宇宙から月を見た話であって、地球から見る月の動きではありません。では、地球から見る月の動きに対して、地球の公転はどのように関係するのでしょうか。

結論からいうと、「月の形と動き」を考えるとき、「地球の公転」との関係を問われることは少ないといえます。ですから、月の学習では、**「地球の自転」と「月の公転」の組み合わせ**を、しっかりと理解してください。

前の図で分かるように、月は公転する地球についていきながら、地球の
まわりを公転しています。ですから、月の基本問題であれば、「自転す
る地球」から見る「公転する月」のようすが中心となるわけです。

「地球の公転」で注意する点は2つあり、まず1つだけ説明しておきま
しょう。もう1つ（季節による違い）は、最後に解説しますからね。

「月の公転周期（約27.3日）」と「月の満ち欠けの周期（約29.5日）」が「約
2.2日」異なる理由を問われた場合は、地球の公転運動も計算に入れる
必要があります。

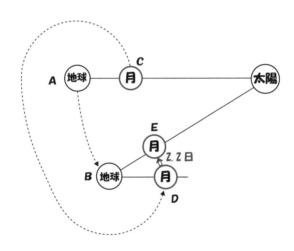

新月（C）は、月の公転周期である約27.3日後に、1回転してD点の
位置にきます。図を見て分かるように、その間に地球はB点まで移動
しているため、月（D）は新月じゃないですね。

新月までの「月がD点からE点まで移動する時間（約2.2日）」を計算
しなければなりませんが、その間にも地球は公転運動をしています。本
番で点を取るべき「基本問題」からは、ほど遠いといえるでしょう。

【「地球の自転」と「月の公転」】

これまで説明してきたように、「地球の自転」と「月の公転」は同じ向き（西から東、地球の北極側から見て反時計まわり）です。

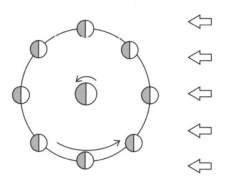

地球の自転によって「月は東から西に」移動して見えますが、同時に月の公転で「月は西から東に」動いています。さらに、**月の公転は1か月で1回転**ですから、**1日に1回転する地球の自転**のほうがスピードは速いわけです。

いいかえると、地球の自転によって「月が東から西に移動するスピード」は、月の公転で「月が西から東に移動するスピード」よりも速いということになります。

要するに、月の動きをまとめると、次のようになるわけですね。

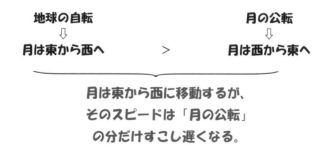

そうすると、南中してから 24 時間後に、月はどこにあるでしょうか。

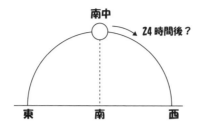

1 か月を 30 日とすれば、月は公転で 1 日に「1 回転の 30 分の 1（1 日分）」だけ、西から東に移動します。つまり 24 時間後には、南から 12 度（360 度÷ 30 日）だけ、東よりにあるはずです。

ふたたび南中するためには、地球の自転によって、月が 12 度さらに西へ移動しなければなりません。

地球の自転を 24 時間で 1 回転と考えれば、「24 時間× 60 分」で 360 度まわるということ。1 度では 4 分となりますから、12 度を移動するのに 48 分かかります。

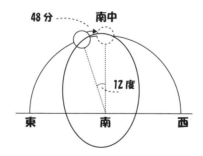

そのため、「月の出」「南中」「月の入り」の時刻は、1 日に約 50 分ずつ遅れていきます。いいかえると、**太陽は 24 時間で 1 回転、月は 24 時間 48 分で 1 回転**するということです。

月は東から西に移動するように見えているけれども、じつはすこしずつ西から東に移動しています。それを観察できるのが、月食です。

月食は宇宙空間にある地球の影に、月が公転によって入りこんでいくためにおこります。「太陽 → 地球 → 月」の順に並ぶときですから、満月ですね。

下図のように、月が公転しながら、ゆっくりと地球の影に入っていきます。地球から見ると、月が左からすこしずつ影に入り（②）、すべて影に入り（③）、また左からすこしずつ出てくる（④）わけです。

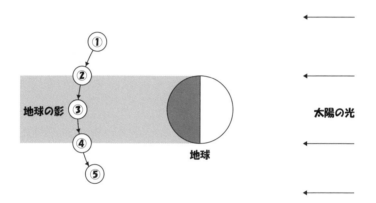

月食のとき、月は**左から欠け、左から見え始めます。**

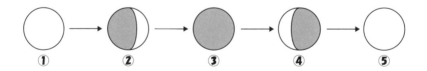

地球の直径は月の４倍ですから、**影（地球）の直径が月よりも大きい**ことに注意しましょう。

日食は、太陽より手前にある月でかくれて、太陽が見えなくなるときに
おこります。下図で示すように、地球上のＡ地点付近でしか見られま
せん。月食は、地球上で満月が見えるすべての地点で観測できますが、
日食を観測できる場所はかぎられているわけですね。

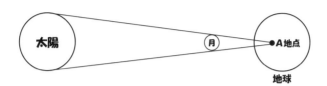

太陽は24時間で1回転、月は24時間48分で1回転、東から西に向
けて移動します。移動するスピードは、太陽のほうが月よりもすこし速
いのです。

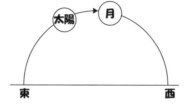

たまたま、太陽と月がちょうど同じ道を通ることになったとき、太陽は
月を追いこすことになります。そのとき、月は太陽よりも手前（地球側）
にあり、月がじゃまして太陽を見えなくするのが日食です。

太陽が東（左）から西（右）に向かいながら、手前にある月を追いこし
ていくので、月食とは逆に太陽は**右から欠け、右から見え始めます。**

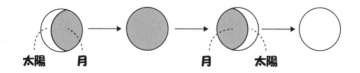

太陽と月は同じ大きさに見えるため、**影（月）の直径は太陽と同じであ**
ることも、月食とは異なる点ですよ。

太陽は「夏至の日」に最も高度が高く、逆に低いのは「冬至の日」。その理由は、北半球の地軸が「夏至の日」に太陽側、「冬至の日」は太陽と逆側に、最もかたむいているからでした。

これと同じ仕組みは、月にも当てはまることになります。1年間における、太陽・地球・月の位置関係を下図に示しました。太陽の方向にある月が新月で、「右から満ちて」「右から欠けて」いきます。

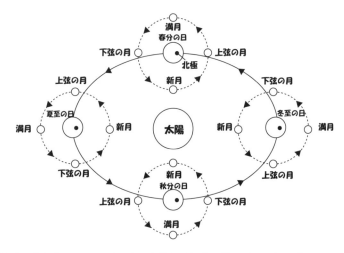

下図は、「春分の日」における太陽・地球・月のようすです。ここから先は南中高度を例にして、季節による違いを比べてみましょう。

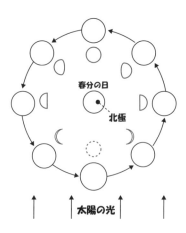

たとえば、「夏至の日」に太陽の南中高度が高いのは、北半球の地軸が太陽の方向にかたむいているからです。このとき、地軸のかたむきは満月と逆の方向なので、**満月の南中高度は最も低く**なります。

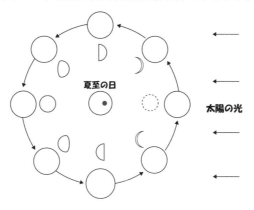

「冬至の日」の場合は、北半球の地軸が太陽と逆の方向にかたむいているから、太陽の南中高度は低くなります。このとき、地軸のかたむきは満月の方向となり、**満月の南中高度はもっとも高く**なるわけです。

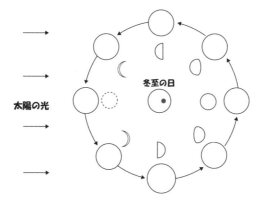

「春分の日」の場合、**もっとも南中高度が高いのは上弦の月。**

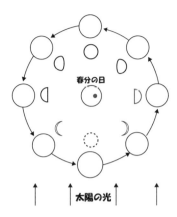

また、「**秋分の日**」に**南中高度がもっとも高いのは下弦の月**です。

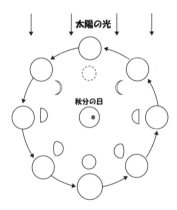

同じ形の月でも**南中高度は季節によって変化**し、その原因は**地球の公転と地軸のかたむき**にあります。月の形と南中高度については、けっして覚えるのではなく、仕組みを理解してくださいね。

「月の動き（基本編・応用編）」の最重要ポイントを整理しますので、復習に活用してください。

【学習の段階】

```
┌─────────────────────┐
│ 1. 単純に覚える        │
└─────────────────────┘
         ↓
┌─────────────────────┐
│ 2. 仕組みを理解する     │
│ （最重要ポイントの理解） │
└─────────────────────┘
         ↓
┌─────────────────────┐
│ 3. 練習して身につける   │
│ （本質的な解法の習得）  │
└─────────────────────┘
```

【最重要ポイント】

- ◉ 地球から見る月の形は、「月の明るい部分」と、「地球から見える月の部分」との組み合わせで決まる。自分が地球から、月を見るつもりで実感する。

- ◉ 月が南の方角にあるときの、地球の時刻が南中時刻。

- ◉ 太陽の方向にある、南中時刻 12 時の新月を最初につかまえる。

- ◉ 月が見えるのは夜間（18 時〜6 時）で、昼間（6 時〜18 時）は明るくて見えない。

- ◉ 太陽・月・地球の位置関係が変化する原因は、地球と月の公転。

- ◉ 太陽は 24 時間で 1 回転、月は 24 時間 48 分で 1 回転する。

- ◉ 月食のとき月は、左から欠け、左から見え始める。影（地球）の直径が月よりも大きい。

- ◉ 日食のとき太陽は、右から欠け、右から見え始める。影（月）の直径は太陽と同じ。

- ◉ 地球の公転と地軸のかたむきにより、月の高度は季節によって変化する。

▶▶ 2 星の動き

(1) 太陽・月との違い

太陽・月との違い、それは星が気の遠くなるほど地球から遠いということです。地球や月は、太陽系のメンバー。ところが、太陽系は銀河系の一部にすぎず、宇宙は果てしなく広がります。

私たちが日常生活で使う長さの単位は、メートルやキロメートルですね。太陽系でも同じ単位を使い、地球から太陽まで約1億5000万キロメートルで、地球から月までが約38万キロメートル。

ところが宇宙はあまりにも広大なため、光年（こうねん）という単位を使います。1光年とは光が1年かけて進む道のり（約9兆4600億キロメートル）です。ちなみに、太陽と地球の間を進むのに、光だと8分ほど。

【夏の大三角】
ベガ（こと座、25光年）
アルタイル（わし座、17光年）
デネブ（はくちょう座、1800光年）

【冬の大三角】
シリウス（おおいぬ座、8.6光年）
プロキオン（こいぬ座、11光年）
ベテルギウス（オリオン座、530光年）

北極星は地球から、約430光年。いま私たちが見ている北極星は、約430年前に北極星を出発した光です。いま本当にあるのかどうか、はっきりいって分かりません。

銀河系の直径は約10万光年（半径は約5万光年）で、太陽系は銀河系の中心から約3万光年のところにあります。地球から肉眼で観測できる天体は、ほとんどが銀河系内部のもの。太陽系にある下図の地球から、約8万光年（赤い矢印方向）分にわたる星の群れ、それが「天の川」です。

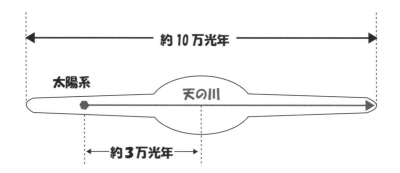

全天でもっとも明るい星（太陽をのぞく）は、「おおいぬ座」のシリウス（白色）です。地球から約8.6光年と、他の星に比べて非常に近いということも、明るさの理由といえるでしょう。近いとはいえ、8.6光年もはなれているわけです。

このように、これから取りくむテーマは、はるかかなたにある星の動きを考えるものです。太陽系の中にある太陽・地球・月とは、想像を絶するほど次元が異なるということを忘れないでください。

地球は太陽を中心にして、直径約3億キロメートルの円周上を公転しています。3億キロメートルといっても、光なら約16分ほどですよ。

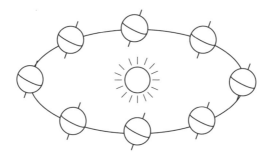

地球は自転（西から東）しながら、同時に太陽のまわりを公転（西から東）してますね。それを広大な宇宙から見れば、点にもならない太陽系の中で、同じ方向（西から東）に回転（自転と公転）しているだけ。

クルクルまわる（自転＋公転）、コマのようなものです。

地球の自転（西から東）は1日に360度、公転（西から東）は1日に1度（360度÷360日）。組み合わせると、1日に361度（西から東に）回転していることになります。これが、広大な宇宙から見た地球の動きであり、逆に地球から見ると**星は1日に361度（東から西に）回転して見える**わけですね。

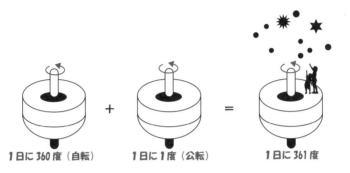

1日に360度（自転）　　＋　　1日に1度（公転）　　＝　　1日に361度

下図に示したように、すべての「星」は「東から西」に移動します。
オリオン座の三ツ星は、真東からのぼって真西にしずむので、地平線の上に出ている時間は12時間ですね。

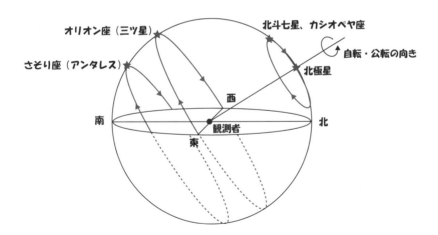

単に図を見るのではなく、「観測者」になりましょう。そして、東西南北の空を見たときの星が動く方向を、かならず確認してください。

北の空では北極星を中心に、星が反時計まわりに移動します。

赤色のさそり座アンタレスが、時計まわりに移動するのは、南の低い空。

東の空では、右上の方向に星がのぼっていきます。

オリオン座（三ツ星）

東

そして、西の空にしずむ星が向かうのは、右下の方向です。

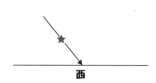

いずれにしても、すべての星は、**東から西に移動**します。

星の動きは 24 時間で 361 度、東から西に向かう回転運動。24 時間後には、もとの位置を通りすぎて 1 度だけ西に移動します。

1 度を移動する時間は約 4 分（24 時間 × 60 分 ÷ 360 度）ですから、1 回転してもとの位置にもどるまでの時間は、23 時間 56 分となります。

ここまでの話を、まとめてみましょう。南中してから 1 回転し、次に南中するまでの時間は、月が 24 時間 48 分、太陽は 24 時間でした。

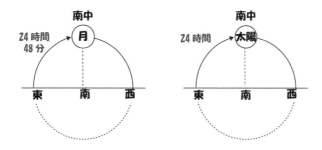

星の場合は、1 回転するのに 23 時間 56 分。つまり、天体の動くスピードは、遅い順に「月 → 太陽 → 星」となるわけです。

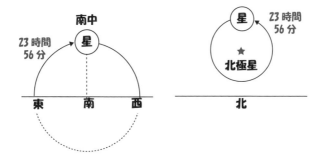

1回転に必要な時間を考えてきましたが、別のみかたとして、南中してから24時間後の位置を比べてみましょう。太陽は、南中から南中までが24時間でしたから、24時間後にはもとの位置にもどります。

月は南中してから24時間後に南までもどらず、12度東より。月の公転（西から東）という「相手の動き」によって、月は東へ移動します。

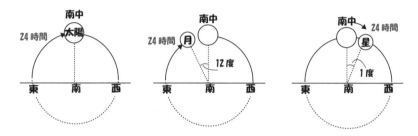

いっぽう、星は24時間後に、南よりも1度だけ西にくることになります。地球の「自転＋公転（西から東）」によって、東から西に移動するスピードがもっとも速くなるのは星です。

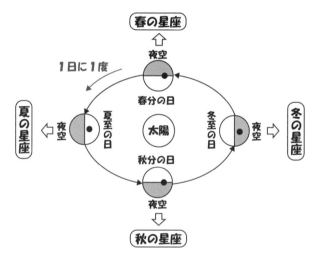

地球の公転（1日に1度）によって、夜空に見える星がすこしずつ西へ移動しながら、季節の星座は移り変わっていきます。

星は24時間で361度、東から西へ向かう回転運動をしますが、**1日内の動きであれば1度は無視**できるレベルです。その場合は、24時間で360度（1時間：15度）として計算し、この動きを**日周運動**と呼びます。

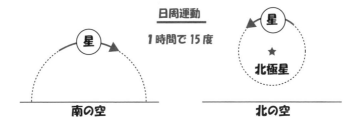

1日をこえる場合は1度の動きを無視できず、1年で360度（1日：1度、1ヶ月：30度）のずれも計算に入れます。この動きが、**年周運動**です。

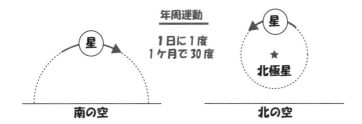

【最重要ポイント】

- 星の動きは1日に361度、東から西へ。
- 南の空は時計まわり、北の空は反時計まわり。
- 360度まわる時間は遅い順に、月（24時間48分）、太陽（24時間）、星（23時間56分）。
- 南中から24時間後に、太陽は南、月は南から12度東より、星は南から1度西よりに位置する。
- 日周運動は24時間で360度（1時間：15度）。
- 年周運動は1年で360度（1日：1度、1ヶ月：30度）。

じっさいの試験問題では、角度を計算する必要のない場合がありますので、例題をもとに解法を確認してみましょう。

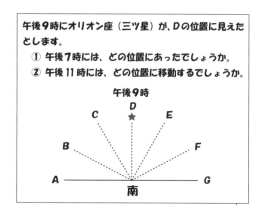

1日内だから日周運動、南の空は時計まわり、A〜Gまで12時間で6メモリ移動しますから、1メモリ2時間です。よって、2時間前の**午後7時はC**にあり、2時間後の**午後11時にはE**まで移動することになります。

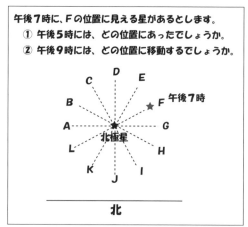

1日内だから日周運動、北の空は反時計まわり、24時間で12メモリ移動しますから、1メモリ2時間です。よって、2時間前の**午後5時はG**にあり、2時間後の**午後9時にはE**まで移動します。

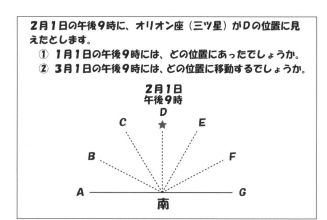

1ヶ月の動きだから年周運動、南の空は時計まわり、A〜Gまで6ヶ月で6メモリ移動しますから、1メモリ1ヶ月です。よって、1ヶ月前の1月1日はCにあり、1ヶ月後の3月1日にはEまで移動することになります。

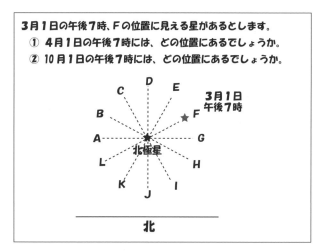

年周運動で、北の空は反時計まわり、12ヶ月で12メモリ移動しますから、1メモリ1ヶ月です。よって、1ヶ月後の4月1日はEにあり、7ヶ月後の10月1日にはKまで移動することになります。10月1日は5ヶ月前なので、Fの5メモリ前（K）と考えることもできますよ。

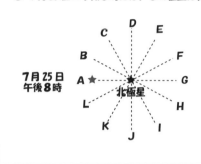

北の空なので、反時計まわり。北の空と南の空とでは、**星の動く方向が逆**ですから、まちがえないよう注意してください。

【日周運動】

24 時間で 12 メモリだから、2 時間で 1 メモリ。

①6 時間後なので、日周運動を考えます。2 時間で 1 メモリですから、6 時間後には 3 メモリ分だけ反時計まわり。よって、**7 月 26 日の午前2 時には J** に移動します。

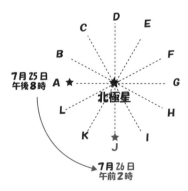

【年周運動】

12ヶ月で12メモリだから、1ヶ月で1メモリ。

②2ヶ月前なので、年周運動を考えます。1ヶ月で1メモリですから、2ヶ月前には2メモリ分だけ時計まわり。よって、**5月25日の午後8時にはCにありました。**

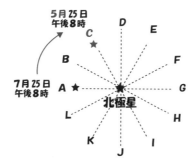

星の動きを問う試験問題は、以下の3パターンがほとんどです。

　　【パターン1】
　　　24時間の範囲内における動き
　　　　→日周運動（問題①）

　　【パターン2】
　　　日時は同じで月が異なる動き
　　　　→年周運動（問題②）

　　【パターン3】
　　　月と日時が異なる動き
　　　　→日周運動＆年周運動（問題③）

上の3パターン以外であれば、1日361度のルールにしたがって計算することになりますが、そのような問題に出会うことは少ないでしょう。では、【パターン3】（問題③）をどうするか。

点を取るための解法として、3つのステップを習得してください。

（2）　点を取るための解法（3 つのステップ）

【学習の段階】

1. 単純に覚える

2. 仕組みを理解する
   （最重要ポイントの理解）

3. 練習して身につける
   （本質的な解法の習得）

点を取るための解法（3 つのステップ）

【ステップ1】　月と日時に分ける。

【ステップ2】　日周運動で、日時を合わせる。

【ステップ3】　年周運動で、月を合わせる。

7月25日の午後8時に、Aの位置に見える星があるとします。
① 7月26日の午前2時には、どの位置に移動するでしょうか。
② 5月25日の午後8時には、どの位置にあったでしょうか。
③ 9月25日の午後6時には、どの位置に移動するでしょうか。

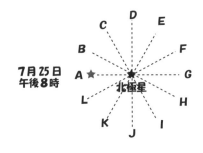

【ステップ1】
月と日時に分ける。

与えられているのは「7月」「25日の午後8時」で、問われているのは「9月」「25日の午後6時」です。

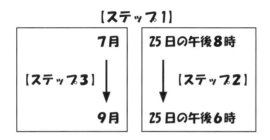

月と日時に分けることで、「7月25日の午後8時 → 7月25日の午後6時」という日周運動と、「7月25日の午後6時 → 9月25日の午後6時」という年周運動として考えることができます。

【ステップ2】
日周運動で、日時を合わせる。

「7月25日の午後6時」は、「7月25日の午後8時」の2時間前なので、1メモリ分だけ時計まわり。よって、**7月25日の午後6時にはBにあった**はずです。

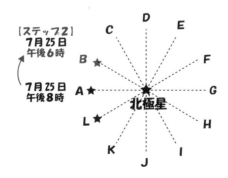

【ステップ3】
年周運動で、月を合わせる。

最後に、問われている「9月25日の午後6時」における星の位置を考えます。「7月25日の午後6時」（ステップ2）から2ヶ月後なので、年周運動であり、**Bから2メモリ後のL**となります。

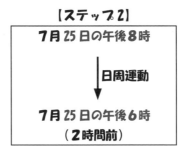

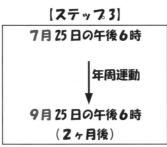

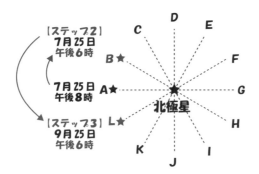

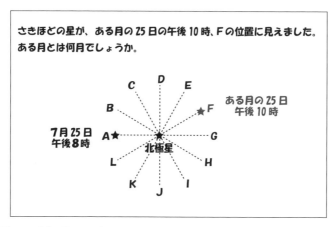

【ステップ1】月と日時に分ける。

与えられた条件は「7月」「25日の午後8時」で、問われているのは「ある月」「25日の午後10時」です。

【ステップ2】日周運動で、日時を合わせる。

問われている「25日の午後10時」に合わせて、「7月25日の午後10時」における星の位置を考えます。すると2時間後なので日周運動であり、**1メモリ後のL**ということになります。

【ステップ3】年周運動で、月を合わせる。

「ある月」と「7月」について、位置の差を考えます。LからFまでは、6メモリ進んでおり、**「ある月」とは7月から6ヶ月後の1月**です。

【ステップ3】

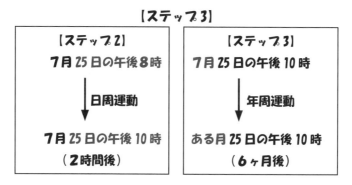

3ステップを習得するまで、練習を重ねてくださいね。

(3)　代表的な星の動き

代表的な星の動きについて、整理しておきます。まずは、入試問題で最も多く出題されるテーマの 1 つである、オリオン座から。

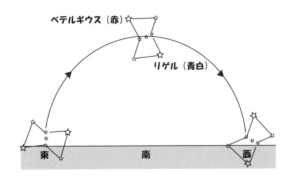

オリオン座といえば、三ツ星（ベルトの部分）のならびかた。**真東からのぼる時は縦**にならびます。**南中する時は「やや右上がり」**で、**真西にしずむ時は「やや右下がり」**。三ツ星のならび方を見れば、いま位置する方角が分かるわけですね。

次は、星の通り道です。**ベテルギウスは三ツ星の外側**を通り、**三ツ星の内側を通るのがリゲル**。そして、三ツ星が東からのぼる時に、ベテルギウスは見えず、リゲルは見えます。逆に、西にしずむ時には、リゲルが見えず、ベテルギウスは見えるということです。

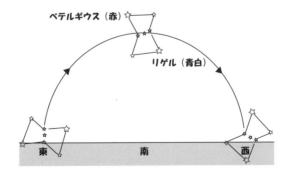

三ツ星が真東からのぼって、真西にしずむというのは、重要なポイントです。三ツ星の通り道は、**「春分・秋分の日」の太陽と同じ**ですよね。

ということは、**地平線上に出ている時間は12時間**。さらに、三ツ星の**南中高度は「90度－緯度」**となりますよ。

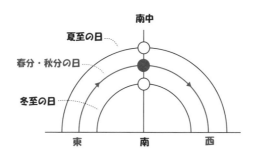

冬の夜空で南の方角に位置するオリオン座は、春の夜は西に、秋の夜は東に見え、夏の夜は見ることができません。夏の星座であるさそり座は、夏の夜空で南の方角となります。

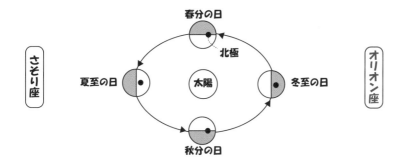

星を見ることができるのは夜であること、地球における夜の方向が季節で変わること、したがって観察できる星座も季節によって異なることを上図で確認してくださいね。

夏の大三角と呼ばれるアルタイル（わし座、白色）、ベガ（こと座、白色）、デネブ（はくちょう座、白色）の、立体的な要点を整理しておきます。

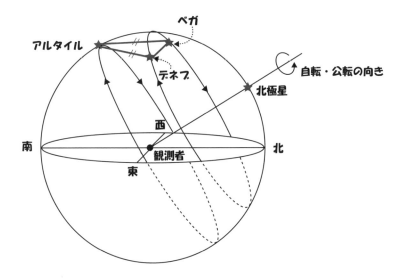

天球図を覚えるのでなく、観測者になって天球を見上げたようすを思いうかべましょう。

上図の二等辺三角形を保ったまま東からのぼり、西にしずんでいきます。**ベガとデネブは天頂あたりのすこし北側**（「夏至の日」の太陽より高い）を通り、**アルタイルが通るのは天頂より南側**です。ベガとデネブは、ほとんど同じ道を通り、常に**デネブがベガを追いかけて**います。

観測者が南を向いて、天頂を見上げると、以下のように見えますよね。

デネブから見てベガの方向は西（進んでいく方向だから）。逆に**ベガから見てデネブの方向は東**（もどる方向だから）。そして**ベガ・デネブから見てアルタイルの方向は南**です。

観測者の向きによって、見あげた天頂の方角は、どうなるでしょうか？

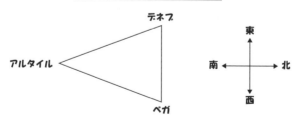

天体の立体的な動きを、頭の中で観測者としてイメージしながら、納得してくださいね。

星の最重要ポイントを整理しますので、復習に活用してください。

【学習の段階】

1. 単純に覚える

2. 仕組みを理解する
　（最重要ポイントの理解）

3. 練習して身につける
　（本質的な解法の習得）

【最重要ポイント】

- ◉ オリオン座
  - ・三ツ星（ベルトの部分）は
    真東（縦）→ 南中（やや右上がり）→ 真西（やや右下がり）
  - ・ベテルギウスは三ツ星の外側
  - ・リゲルは三ツ星の内側
  - ・三ツ星の通り道は、「春分・秋分の日」の太陽と同じ
    - → 地平線上に出ている時間は 12 時間
    - → 三ツ星の南中高度は「90 度 − 緯度」
- ◉ 夏の大三角
  - ・ベガとデネブは天頂あたりのすこし北側を通る
  - ・アルタイルは天頂よりも南側を通る
  - ・東から西に向けてデネブがベガを追いかける
  - ・ベガから見てデネブの方向は東
  - ・デネブから見てベガの方向は西
  - ・ベガとデネブから見てアルタイルの方向は南

第4章

化学計算（化学）

化学計算のテーマでは、計算の前に、**化学反応の内容を理解**しておく必要があります。どう見ても水にしか見えない2つの水溶液を混ぜたとき、水のなかで何がおきており、これから自分は何を計算すべきなのか、判断してから解きはじめなければなりません。

逆にいうと、その判断さえできてしまえば、あとは比例計算。とても**カンタン**なものです。

苦手な人が多い理由は、**問題にはパターンがある**ということと、**解きかたには手順がある**ということを知らないまま、演習を進めてしまうから。この2つを知っていれば、練習を重ねるたびに、どんな基本問題でも同じに思えてくるはずです。

手順はステップ1から4までありますが、**勝負はステップ1**だけ。ステップ1さえ終えてしまえば、もはや全問正解したようなものです。

この点を忘れずに、安心して学習を進めてくださいね。

▶▶ 1　中和

（1）中和の本質

前著の第2章「ろうそくの燃焼」における解説と重なる部分もありますが、化学の大事なテーマであるため、原子の話から始めます。化学計算を行う際にはかならず、**水溶液のなかでおこる化学反応**をイメージしながら、解いていく必要があるからです。

原子と周期表

1　H 水素							2　He ヘリウム
3　Li リチウム	4　Be ベリリウム	5　B ホウ素	6　C 炭素	7　N チッ素	8　O 酸素	9　F フッ素	10　Ne ネオン
11　Na ナトリウム	12　Mg マグネシウム	13　Al アルミニウム	14　Si ケイ素	15　P リン	16　S 硫黄	17　Cl 塩素	18　Ar アルゴン

上図は「原子と周期表」の一部です。世の中の物質はすべて部品の集まりで、それぞれの部品を「原子」と呼びます。**物質はすべて、「原子」という部品が組み合わさってできている**わけです。

周期表とは、地球上の物質を構成する部品（原子）を、重さの軽い順にならべたもの。覚える必要はまったくありませんが、すこしだけ見てみましょう。すべての部品には、「記号と名前」がついています。

たとえば左上の1番目に「H」という記号の部品（原子）があり、名前は「水素」といいます。**気体の水素ではなくて、「水素」という名前の部品**です。

最も小さな「気体の水素のツブ（分子）」は、部品の「H（水素）」が2つ組み合わさっており、「H₂」と表現します。**「H（水素）」は最も軽い部品で、気体の水素は最も軽い気体**です。

気体の水素のツブ

部品（水素）

昔は飛行船や気球の中に、気体の水素を入れていました。最も軽い気体で、浮くのに便利だからです。ところが1937年に、ドイツのヒンデンブルク号という飛行船が大爆発事故をおこしてからは、次に軽い気体であるヘリウムに変わりました。

周期表の右上にあるのが、においも色もない気体「He（ヘリウム）」です。ヘリウムは2番目に軽く、しかも燃えないため、いまでは飛行船・気球・アドバルーン・風船などで利用されています。

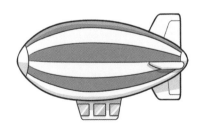

６番目に「Ｃ」という記号の部品（原子）があり、名前は「炭素」といいます。「鉛筆のしん」に使われる材料と「ダイヤモンド」の部品は、ともに炭素です。とはいえ、部品の結びつきかたが異なるため、性質の違う物質になっているわけです。

８番目にある「Ｏ」という記号の部品（原子）は、名前が「酸素」。最も小さな気体の酸素のツブは、「O_2」です。

気体の酸素のツブ

部品（酸素）

燃焼とは、物質が酸素と結びつくこと。**酸**素と**化**合するので、「酸化」ともいいます。

部品の「Ｈ（水素）」２つが、「Ｏ（酸素）」１つと結びついて、「H_2O（エイチ・ツー・オー）」となるわけですね。

水＝エイチ・ツー・オー

H H

O

部品の「C（炭素）」1つが、2つの「O（酸素）」と結びついたら、「CO_2（シー・オー・ツー）」になります。**二**つの**酸**素と結びついた（**化**合した）**炭素**だから、二酸化炭素。

炭火を使うときは、一酸化炭素中毒に注意してください。窓をしめきって酸素がたりない状態だと、完全燃焼できず不完全燃焼となります。

そのときに、部品の「C（炭素）」は1つの「O（酸素）」と結びついて、毒性の強い「CO（一酸化炭素）」となってしまうのです。部屋の中で燃焼するときは、換気に注意しましょう。

塩酸には、気体の塩化水素が溶けています。「**塩**素（Cl、17番）」と**化**合した「**水素**（H、1番）」で、記号は「HCl」です。

水に溶けると部品がバラバラになって、H と Cl が水中にただよいます。じつは、**H が水中にただよっている状態を酸性と呼ぶのです。**

水酸化ナトリウム水溶液に溶けているのは、固体の水酸化ナトリウム。「**水**素（H）・**酸**素（O）と**化**合した**ナトリウム**（Na、11番）」で、記号は「NaOH」です。水溶液の中では、Na と OH がただよっています。

O と H は強く結びついたままで、「**水酸基（OH）**」と呼ばれ、**OH が水中にただよっている状態はアルカリ性**です。

水酸化ナトリウム

酸性のもとである水素（H）と、アルカリ性のもとである水酸基（OH）が、水中で結びつくと**中性の水（H₂O）**になります。

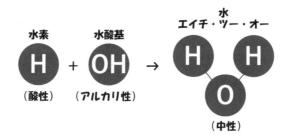

水中におけるこの化学反応が中和の姿で、塩酸と水酸化ナトリウム水溶液を混ぜると、水の中が以下のような状態になるわけです。

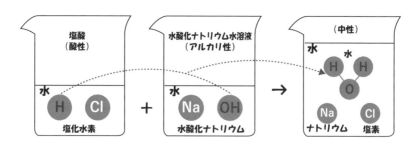

「中和」という化学反応の正体を、式で表現すると以下であり、酸性と
アルカリ性の水溶液を混ぜたときに共通しておこる現象です。

$$H \quad + \quad OH \quad \rightarrow \quad H_2O$$
（酸性）　　　（アルカリ性）　　　（中性）

酸性の水溶液（H＋a）とアルカリ性の水溶液（OH＋b）が中和して、
中性の水溶液（H_2O＋a＋b）となるのです。中和させる水溶液が異
なると、中性の水溶液に溶けている物質（aとb）も変わります。

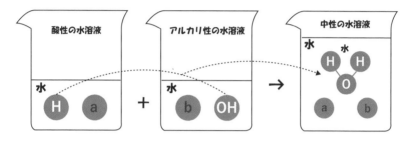

では、塩酸と水酸化ナトリウム水溶液を混ぜた結果、水の中に残るのは
何なのか、という話になりますね。

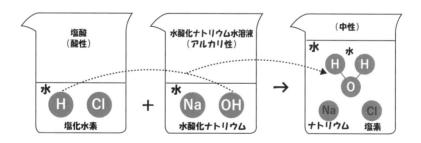

それを知るためには、もう1つだけ知識が必要となります。それは、
食塩の部品が「ナトリウム（Na）」と「塩素（Cl）」であり、2つが化
合して「**食塩＝塩化ナトリウム（NaCl）**」になるということ。

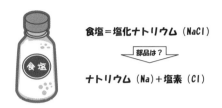

食塩＝塩化ナトリウム（NaCl）

部品は？

ナトリウム（Na）＋塩素（Cl）

固体の食塩を水に溶かした食塩水は、部品の「ナトリウム（Na）」と「塩素（Cl）」が水中をただよう状態で、水がなくなれば部品は化合して、固体の「食塩＝塩化ナトリウム（NaCl）」になるのです。

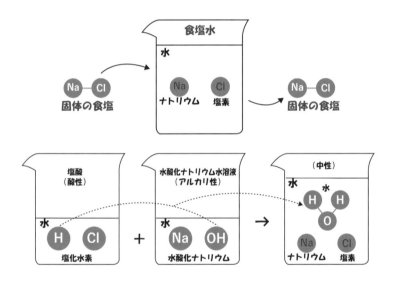

酸性の塩酸と、アルカリ性の水酸化ナトリウム水溶液を混ぜると、水の中にあるのは「水」「ナトリウム」「塩素」。つまり、**中性の食塩水**です。中和して中性の水溶液になる化学反応を、**完全中和**と呼びます。

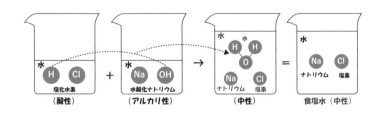

ここまでの最重要ポイントを取りまとめておきますので、頭の中を整理
しておきましょう。

中和というテーマは、水の中でおこる化学反応を、論理的に思考しなが
ら正解する必要があります。さらに本質へと進んでいきますから、あら
かじめ頭の準備運動をしておいてくださいね。

【学習の段階】

1. 単純に覚える

2. 仕組みを理解する
　（最重要ポイントの理解）

3. 練習して身につける
　（本質的な解法の習得）

【最重要ポイント】

- ● 物質はすべて、原子という部品が組み合わさってできている。
- ● 塩酸の部品は、水素（H）と塩素（Cl）。
- ● 水酸化ナトリウムの部品は、ナトリウム（Na）と水酸基（OH）。
- ● 食塩（塩化ナトリウム）の部品は、ナトリウム（Na）と塩素（Cl）。
- ● 酸性のもとは水素（H）で、アルカリ性のもとは水酸基（OH）。
- ● 中和とは、H（酸性）＋ OH（アルカリ性）→ H_2O（中性）。
- ● 酸性の塩酸と、アルカリ性の水酸化ナトリウム水溶液を混ぜると、
  かならず食塩が生じる。
- ● 完全中和とは、
  「酸性の水溶液」＋「アルカリ性の水溶液」→「中性の水溶液」

塩酸と水酸化ナトリウム水溶液を混ぜると、かならず食塩が生じます。2つの水溶液（塩酸・水酸化ナトリウム水溶液）がピッタリ同じ量であれば、完全中和して中性の食塩水に変身するのです。

ところが、中和というのは完全中和だけとはかぎりません。酸性またはアルカリ性の水溶液のどちらかが、あまるという中和（**部分中和**）もあるからです。塩酸と水酸化ナトリウム水溶液の混ぜかたによって、中和の種類は以下の3パターンに分かれると考えてください。

中和の種類は3パターン

1. **完全中和で中性になる**
塩酸・水酸化ナトリウム水溶液ともにあまらない。
中和して食塩水になる（中性）。

2. **部分中和で酸性になる**
塩酸があまる。
中和して、食塩水＋塩酸になる（酸性）。

3. **部分中和でアルカリ性になる**
水酸化ナトリウム水溶液があまる。
中和して、食塩水＋水酸化ナトリウム水溶液になる（アルカリ性）。

中和の種類は3パターンしかありませんから、これから自分はどのパターンを計算するのか、明確にしてから考え始めることが重要です。

ここで注意していただきたいのは、化学反応とは部品の入れかえであるという点です。だから着目するのは水溶液の量ではなく、溶けている物質（部品）の量ということになります。

下図で示すように、塩酸に溶けた塩化水素（HCl）が部品に分かれて、水素（H）と塩素（Cl）が1つずつあるとします。これと完全中和するのは、ナトリウム（Na）と水酸基（OH）が1つずつある水酸化ナトリウム水溶液です。

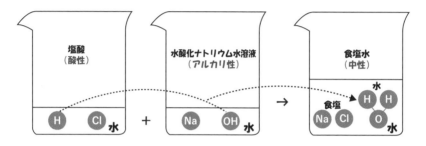

水酸化ナトリウム水溶液が1mlであろうが100mlであろうが関係なく、部品のほかは水だけ。化学反応の結果を決めるのは、水溶液にふくまれる部品の数のみなのです。

同じ塩酸の体積が2倍あれば、反応する相手も2倍必要ですから、完全中和する水酸化ナトリウム水溶液の体積も2倍となります。

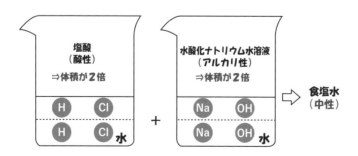

同じ体積の塩酸であっても、濃度が２倍なら、部品の数も２倍あることになります。完全中和する水酸化ナトリウム水溶液の体積は、濃度が変わらないのであれば２倍です。

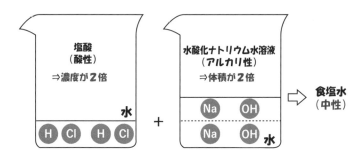

塩酸の濃度も体積も２倍だと、どうでしょうか。部品の数は、４倍となります。そのため、同じ濃度の水酸化ナトリウム水溶液であれば、完全中和する水酸化ナトリウム水溶液の体積は４倍です。

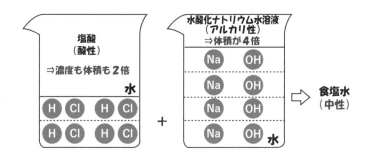

かりに、塩酸 10ml と水酸化ナトリウム水溶液 20ml が、完全中和するとしましょう。

塩酸が２倍（20ml）あれば、完全中和するのに必要な水酸化ナトリウム水溶液も２倍（40ml）必要です。塩酸が２分の１（5ml）なら、必要な水酸化ナトリウム水溶液は２分の１（10ml）。カンタンな比例計算ですね。

塩酸と水酸化ナトリウム水溶液を混ぜたとき、
「食塩水になる」「塩酸があまる」「水酸化ナトリウム水溶液があまる」
の３パターンありましたね。これら３つの水溶液について、あらため
て特ちょうを確認しておきましょう。

● **何が溶けている？**
● **固体・液体・気体？**
● **酸性・中性・アルカリ性？**
● **水がなくなると？**

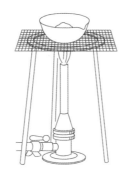

【塩酸】

気体の塩化水素（HCl）を、水に溶かした水溶液が酸性の塩酸です。水
が蒸発すると、残るのは気体の塩化水素であり、水とともに蒸発して何
も残りません。

酸性の塩酸

気体の塩化水素が溶ける　→　水が蒸発すると何も残らない

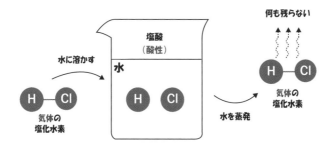

【水酸化ナトリウム水溶液】

固体の水酸化ナトリウム（NaOH）を、水に溶かした水溶液がアルカリ性の水酸化ナトリウム水溶液。水が蒸発して残るのは、白い固体の水酸化ナトリウムです。

アルカリ性の水酸化ナトリウム水溶液

固体の水酸化ナトリウムが溶ける　→　水が蒸発すると白い固体が残る

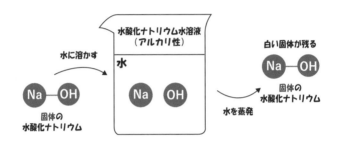

【食塩水】

固体の食塩（NaCl）を、水に溶かした水溶液が中性の食塩水です。水を蒸発させると、白い固体の食塩が残ります。

中性の食塩水

固体の食塩が溶ける　→　水が蒸発すると白い固体が残る

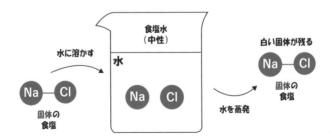

これから私たちは、中和でいったい何を計算しようとしているのでしょうか。

中和の結果は3種類

1. **完全中和で中性になる**
   塩酸・水酸化ナトリウム水溶液ともにあまらない。
   中和して食塩水になる（中性）。

2. **部分中和で酸性になる**
   塩酸があまる。
   中和して、食塩水＋塩酸になる（酸性）。

3. **部分中和でアルカリ性になる**
   水酸化ナトリウム水溶液があまる。
   中和して、食塩水＋水酸化ナトリウム水溶液になる（アルカリ性）。

【完全中和で中性に】

塩酸と水酸化ナトリウム水溶液は完全になくなり、中性の食塩水に。計算するのは、水が蒸発して残る**食塩**の量です。

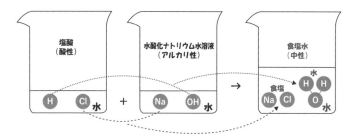

3パターンの中和すべてにおいて、**食塩の計算はかならず**行います。

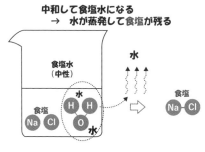

【部分中和で酸性に】塩酸があまる状態

下図において、塩酸はさきほどと同じ濃度で、体積が 2 倍となりました。
水酸化ナトリウム水溶液は、濃度・体積ともに変わりません。

（下図の A）水素（H）と水酸基（OH）が結びついて水（H_2O）に
（下図の B）ナトリウム（Na）と塩素（Cl）で食塩（NaCl）に
（下図の C）水素（H）と塩素（Cl）はあまって塩化水素（HCl）に

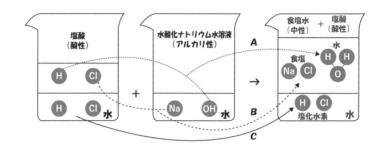

中和（部分中和）で水（H_2O）と食塩（NaCl）が生じて、あまるのは
塩化水素（HCl）。水の中に食塩と塩化水素が溶けた状態なので、「**食塩
水（中性）＋塩酸（酸性）**」ということになります。

この水溶液は酸性で、水とともに気体の塩化水素も蒸発してしまいます
から、**計算するのは残る食塩のみ**です。

【部分中和でアルカリ性に】水酸化ナトリウム水溶液があまる状態

下図において、水酸化ナトリウム水溶液はさきほどと同じ濃度で、体積が2倍となりました。塩酸は、濃度・体積ともに変わりません。

（下図のA）水素（H）と水酸基（OH）が結びついて水（H_2O）に
（下図のB）ナトリウム（Na）と塩素（Cl）で食塩（NaCl）に
（下図のC）ナトリウム（Na）と水酸基（OH）はあまって、
　　　　　水酸化ナトリウム（NaOH）に

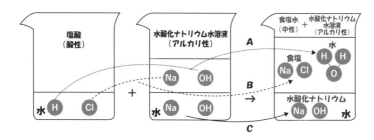

中和（部分中和）で水（H_2O）と食塩（NaCl）が生じて、あまるのは水酸化ナトリウム（NaOH）。その結果、**「食塩水（中性）＋水酸化ナトリウム水溶液（アルカリ性）」**になりました。

この水溶液はアルカリ性で、水を蒸発させて食塩と水酸化ナトリウムが残ります。よって、**計算するのは食塩と水酸化ナトリウム**です。

**中和して、食塩水＋水酸化ナトリウム水溶液になる
→　水が蒸発して食塩と水酸化ナトリウムが残る**

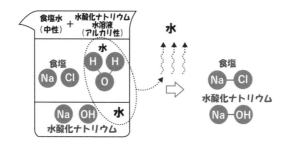

本質的な解法へうつる前に、これまでの最重要ポイントを整理します。

【学習の段階】

> **1. 単純に覚える**

> **2. 仕組みを理解する**
> **（最重要ポイントの理解）**

> **3. 練習して身につける**
> **（本質的な解法の習得）**

【最重要ポイント】

- ⦿ 物質はすべて、原子という部品が組み合わさってできている。
- ⦿ 塩酸（HCl）の部品は、水素（H）と塩素（Cl）。
- ⦿ 水酸化ナトリウム（NaOH）の部品は、ナトリウム（Na）と水酸基（OH）。
- ⦿ 食塩（NaCl）の部品は、ナトリウム（Na）と塩素（Cl）。
- ⦿ 酸性のもとは水素（H）で、アルカリ性のもとは水酸基（OH）。
- ⦿ 中和とは、H（酸性）＋ OH（アルカリ性）→ H_2O（中性）。
- ⦿ 酸性の塩酸と、アルカリ性の水酸化ナトリウム水溶液を混ぜると、かならず食塩が生じる。
- ⦿ 中和の種類は、「完全中和（中性）」「部分中和（酸性）」「部分中和（アルカリ性）」3 パターンのみ。いずれのパターンでも、食塩（NaCl）の量を計算する。
- ⦿「完全中和（中性）」「部分中和（酸性）」で計算するのは、食塩（NaCl）の量のみ。
- ⦿「部分中和（アルカリ性）」の場合は、食塩（NaCl）と水酸化ナトリウム（NaOH）の量を計算する。

（2）　本質的な解法（４つのステップ）

いよいよ、第３段階です。本書で本質的な解法を理解したら、あとは同じ解法で練習してください。きわめて短い期間で、習得できますよ。

【学習の段階】

1. 単純に覚える

2. 仕組みを理解する
　（最重要ポイントの理解）

3. 練習して身につける
　（本質的な解法の習得）

本質的な解法（４つのステップ）

【ステップ1】
　問題の中に与えられた「完全中和の比率」と
　「水酸化ナトリウム水溶液の状態」をつかまえる。

【ステップ2】
　「完全中和（中性）」「部分中和（酸性）」「部分中和（アルカリ性）」
　３パターンのうち、何の計算を求められているのか確認する。

【ステップ3】
　中和による食塩の量を計算する。
　「完全中和（中性）」または「部分中和（酸性）」なら、これで終了。

【ステップ4】
　「部分中和（アルカリ性）」なら、
　あまった水酸化ナトリウムの量も計算する。

中和の種類は、以下の３つしかありません。いずれも、水を蒸発したときに残る固体の量を問われます。３パターンとも食塩は生じるので、違いは水酸化ナトリウムの量を計算するかどうかです。

【パターン１】完全中和で中性になる（食塩の計算のみ）
【パターン２】部分中和で酸性になる（食塩の計算のみ）
【パターン３】部分中和でアルカリ性になる
　　　　　　　（食塩と水酸化ナトリウムの両方を計算）

３パターンのどれかを問われますから、そのつもりで待ちかまえていましょう。

３パターンのどれかを問われます！

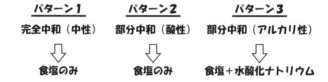

どのパターンを計算するとしても、本質的な解法（４つのステップ）を身につけてしまえば、問題を解く手順は同じ。**ステップ１で勝負を決めて**しまえば、あとは落ちついて正解していくだけですよ。

具体的な例題で、各ステップを解説していきますね。

> 塩酸 10ml と水酸化ナトリウム水溶液 20ml が完全中和し、
> 加熱すると 3g の固体が残りました。
>
> また、この水酸化ナトリウム水溶液 10ml を別に加熱すると、
> 1g の固体が残りました。
>
> （1）　塩酸 20ml と水酸化ナトリウム水溶液 40ml を混ぜて加熱すると、
> 　　　何 g の固体が残りますか。
>
> （2）　塩酸 40ml と水酸化ナトリウム水溶液 40ml を混ぜて加熱すると、
> 　　　何 g の固体が残りますか。
>
> （3）　塩酸 30ml と水酸化ナトリウム水溶液 80ml を混ぜて加熱すると、
> 　　　何 g の固体が残りますか。

【ステップ1】

問題文にはかならず、**勝負を決める2つのヒント**が与えられます。2つ
とはそれぞれ、以下の量を計算するためのものです。

　　◎　食塩の量

　　◎　水酸化ナトリウムの量

食塩の量を計算するためのヒントは、「完全中和の比率」。塩酸と水酸化
ナトリウム水溶液をどのような比率で混ぜると完全中和し、そのとき食
塩が何 g 生じるのか。具体的には、以下の部分でゲット！

「完全中和の比率」つかまえた！

> 塩酸 10ml と水酸化ナトリウム水溶液 20ml が完全中和し、
> 加熱すると 3g の固体が残りました。

また、この水酸化ナトリウム水溶液 10ml を別に加熱すると、
1g の固体が残りました。

（1）　塩酸 20ml と水酸化ナトリウム水溶液 40ml を混ぜて加熱すると、
　　　何 g の固体が残りますか。

（2）　塩酸 40ml と水酸化ナトリウム水溶液 40ml を混ぜて加熱すると、
　　　何 g の固体が残りますか。

（3）　塩酸 30ml と水酸化ナトリウム水溶液 80ml を混ぜて加熱すると、
　　　何 g の固体が残りますか。

水酸化ナトリウムの量を計算するためのヒントが、「水酸化ナトリウム
水溶液の状態」です。「水酸化ナトリウム水溶液の量」と、「溶けている
水酸化ナトリウム（固体）の量」の関係をつかまえます。問題文から、
またまたゲット～！

➤「水酸化ナトリウム水溶液の状態」つかまえた！

> 塩酸 10ml と水酸化ナトリウム水溶液 20ml が完全中和し、
> 加熱すると 3 g の固体が残りました。
>
> また、この水酸化ナトリウム水溶液 10ml を別に加熱すると、
> 1 g の固体が残りました。
>
> （1）塩酸 20ml と水酸化ナトリウム水溶液 40ml を混ぜて加熱すると、
> 　　　何 g の固体が残りますか。
>
> （2）塩酸 40ml と水酸化ナトリウム水溶液 40ml を混ぜて加熱すると、
> 　　　何 g の固体が残りますか。
>
> （3）塩酸 30ml と水酸化ナトリウム水溶液 80ml を混ぜて加熱すると、
> 　　　何 g の固体が残りますか。

もちろん、「パターン 3（部分中和でアルカリ性）」を問わない問題であ
れば、このヒントはありません。その場合は、かなり初歩的な問題とい
えるでしょうね。

これで勝負は決まりました。あとはどのパターンを問われるのか待って
いるだけ、ひたすら正解に向けてまっしぐらです！

【ステップ2】－問題（1）

「完全中和（中性）」「部分中和（酸性）」「部分中和（アルカリ性）」3パター
ンのうち、何の計算を求めているか確認しましょう。

そのためには、問題で与えられた条件が、最初につかまえた量の何倍な
のかを比較します。今回は塩酸・水酸化ナトリウム水溶液ともに、つか
まえた量の2倍なので、どちらの水溶液もあまりません。つまり、「完
全中和（中性）」のパターンを問われているわけです。

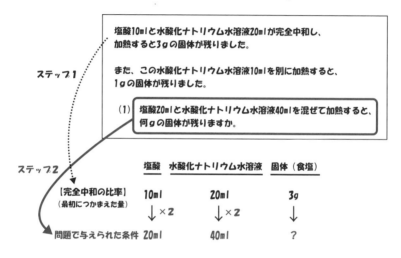

【ステップ3】－問題（1）

水溶液の量が2倍ですから、中和で生じる食塩の量も、最初につかま
えた3gの2倍で6g。「完全中和（中性）」のため、これで終了です。

	塩酸	水酸化ナトリウム水溶液	固体（食塩）
【完全中和の比率】 （最初につかまえた量）	10ml	20ml	3g
	↓×2	↓×2	↓×2
問題で与えられた条件	20ml	40ml	6g

【ステップ2】- 問題（2）

問題で与えられた塩酸の量は、最初につかまえた量の４倍です。いっぽう水酸化ナトリウム水溶液は、最初につかまえた量の２倍。

水酸化ナトリウム水溶液のほうが少ないので、中和で先になくなるのは水酸化ナトリウム水溶液です。逆に塩酸は多いから、あまります。つまり、「部分中和（酸性）」のパターンですね。

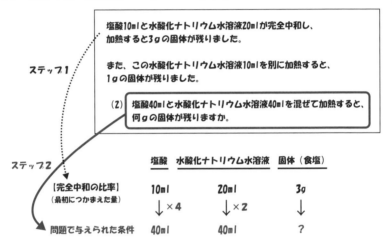

【ステップ3】- 問題（2）

水酸化ナトリウム水溶液は、最初につかまえた量の２倍を中和に使ったところで、先になくなります。その時点で中和も止まりますから、中和によって生じる食塩の量も、最初につかまえた３ｇの２倍で６ｇ。「部分中和（酸性）」のため、これで終了です。

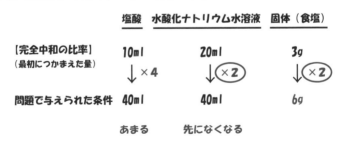

【ステップ2】- 問題 (3)

問題で与えられた塩酸の量は最初につかまえた量の3倍で、水酸化ナトリウム水溶液は4倍。

塩酸のほうが少ないため、中和で先になくなるのは塩酸です。逆に水酸化ナトリウム水溶液はあまりますから、「部分中和（アルカリ性）」のパターンですね。

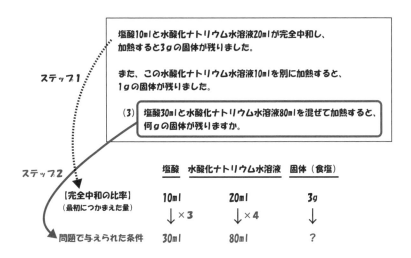

【ステップ3】- 問題 (3)

最初につかまえた量と比べて、水酸化ナトリウム水溶液よりも塩酸が少ないため、先になくなるのは塩酸です。塩酸がなくなると中和も止まるため、中和で生じる食塩の量は、最初につかまえた3gの3倍で9g。「部分中和（アルカリ性）」のため、【ステップ4】へと続きます。

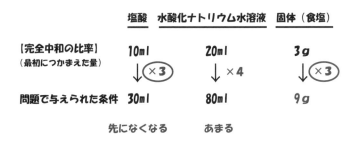

【ステップ4】- 問題（3）

水酸化ナトリウム水溶液があまるので、あまった水酸化ナトリウム水溶液に含まれている水酸化ナトリウムが固体として残ることに。

最初につかまえた量の３倍のところで塩酸がなくなって、その時点で中和は止まります。中和に使われた水酸化ナトリウム水溶液も、最初につかまえた量の３倍。あまる量は、20ml です。

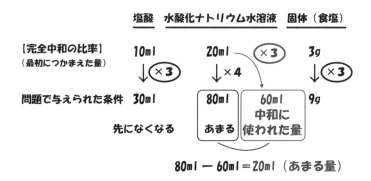

あまる水酸化ナトリウム水溶液から計算するため、つかまえていたのが【ステップ１】における「水酸化ナトリウム水溶液の状態」です。「完全中和（中性）」と「部分中和（酸性）」に出番はありませんでしたが、「部分中和（アルカリ性）」で初めてデビューします。

あまる量は、最初につかまえた量の２倍ですから、溶けていた水酸化ナトリウムは２ｇ。食塩９ｇと水酸化ナトリウム２ｇで、合計11ｇの固体が残ることになります。

	水酸化ナトリウム水溶液	固体（水酸化ナトリウム）
【水酸化ナトリウム水溶液の状態】 （最初につかまえた量）	10ml ↓×2	1g ↓×2
あまる量	20ml	2g

これで解法の説明を終えますが、じっさい試験の本番ではどうするの
か。化学計算で正解するためには、問題用紙のあいた部分に、ステップ
1 から 4 まで記入しながら進めていかなければなりません。

本番の短い時間で、まさか「水酸化ナトリウム水溶液」なんて書きこめ
ませんよね。以下に、じっさいの記入例（「部分中和（アルカリ性）」）
を示しておきますので、参考にしてください。

塩酸を「えん」、水酸化ナトリウム水溶液を「水ナト」、食塩を「しお」、
水酸化ナトリウムを「ナト」としていますが、くふうしてみてくださいね。

【ステップ1】- 問題 (3)

問題文から、「完全中和の比率」と「水酸化ナトリウム水溶液の状態」
をつかまえます。

えん	水ナト	しお	水ナト	ナト
10ml	20ml	3g	10ml	1g

【ステップ2】- 問題 (3)

「完全中和（中性）」「部分中和（酸性）」「部分中和（アルカリ性）」3パ
ターンのうち、何を求められているのか確認。

えん	水ナト	しお	水ナト	ナト
10ml	20ml	3g	10ml	1g
↓ (×3)	↓×4			
30ml	80ml			

【ステップ3】- 問題（3）

中和では、3パターンすべて食塩の量を計算します。

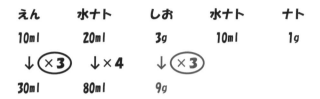

【ステップ4】- 問題（3）

中和で反応した、水酸化ナトリウム水溶液の量は？

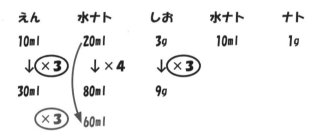

あまる水酸化ナトリウム水溶液にふくまれていた、水酸化ナトリウムの量を計算して終了です。

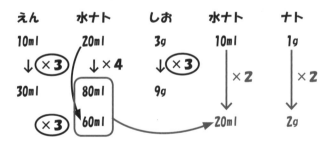

これで基本問題は終わり。次は、応用問題にうつります。

(3)　応用問題も解法は同じ

本質的な解法の【ステップ1】さえ終えてしまえば、応用問題でも手順にしたがって確実に正解することができます。しかも**勝利のヒントは、かならず問題のなかにあるのです。**

完全中和の比率
&
水酸化ナトリウム水溶液の状態

ステップ1のヒントをつかまえるために、応用問題における2つのパターンについて、仕組みを理解してしまいましょう。中和の種類（3パターン）が組み合わさりながら、変化していくようすに着目してください。

【パターン1】塩酸に、水酸化ナトリウム水溶液を加えていく

最初は、塩酸が待ちかまえています。溶けているのは気体の塩化水素（HCl）ですから、水が蒸発すると何も残りません。

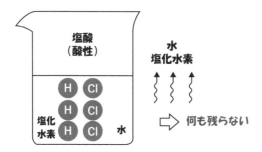

水酸化ナトリウム水溶液を、すこし加えました。「部分中和（酸性）」の状態であり、水と塩化水素は蒸発して食塩のみが残ります。

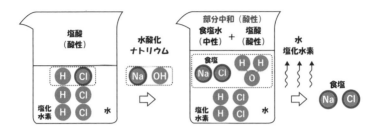

水酸化ナトリウム水溶液を、さらに加えました。やはり「部分中和（酸性）」の状態で、水と塩化水素が蒸発すると食塩の量が増えます。

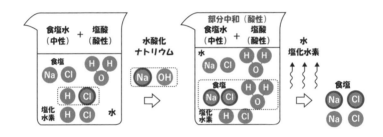

さらに水酸化ナトリウム水溶液を加えて、「完全中和（中性）」に。もちろん、水が蒸発して残る食塩の量も増えます。やっと、解法の【ステップ1】でつかまえるポイントにきましたね。「水酸化ナトリウム水溶液の状態」については、のちほど解説するのでお待ちください。

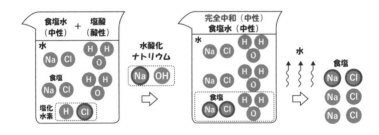

中性の食塩水に水酸化ナトリウム水溶液を加えても、中和する相手のない水酸化ナトリウムがあまるだけ。部分中和（アルカリ性）の状態なので、水を蒸発させると食塩に加えて水酸化ナトリウムも残ります。

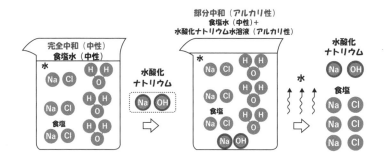

あとは、加えた水酸化ナトリウム水溶液にふくまれる水酸化ナトリウムがあまり、水を蒸発させて残る水酸化ナトリウムの量が増すだけです。

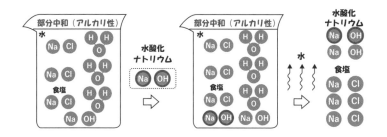

「パターン1（塩酸に水酸化ナトリウム水溶液を加えていく）」は、以下のような順で変化をしていくことになります。

【パターン1】

1. **酸性の塩酸**→何も残らない
2. **部分中和（酸性）**→食塩が増えていく
3. **完全中和（中性）**→食塩が最多
4. **部分中和（アルカリ性）**→水酸化ナトリウムが増えていく

具体的な応用問題で、本質的な解法【ステップ1】の、「完全中和の比率」と「水酸化ナトリウム水溶液の状態」をつかまえてみましょう。

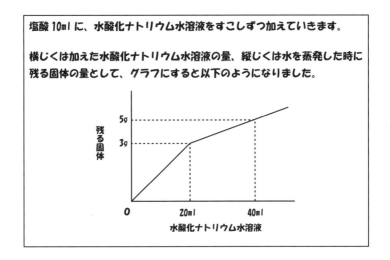

塩酸10mlに、水酸化ナトリウム水溶液をすこしずつ加えていきます。

横じくは加えた水酸化ナトリウム水溶液の量、縦じくは水を蒸発した時に残る固体の量として、グラフにすると以下のようになりました。

グラフのA点は、まだ水酸化ナトリウム水溶液を加えておらず、塩酸だけですから、固体は残りません（縦じくゼロ）。

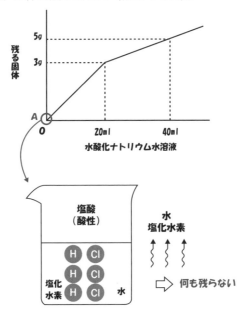

赤線で示した B のあいだは、部分中和（酸性）の状態。水と塩化水素は蒸発し、残る食塩がすこしずつ増えていきます。

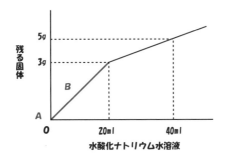

すこし水酸化ナトリウム水溶液を入れ、中和して食塩が生じた状態です。

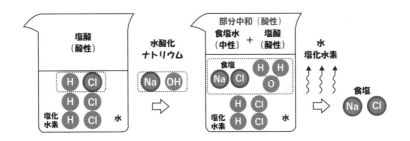

さらに水酸化ナトリウム水溶液を加え、中和が進みます。中和する量に比例して生じる食塩の量も増し、あまった塩化水素は水とともに蒸発してしまい、食塩しか残りません。

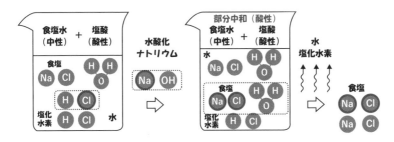

そして、C点が完全中和（中性）。この部分を「完全中和の比率」としてゲットします。つまり、「塩酸10mlと水酸化ナトリウム水溶液20mlで完全中和し、そのとき残る食塩は3g」ということです。

勝利のヒント、1つ目は**グラフの折れ曲がった点**です。

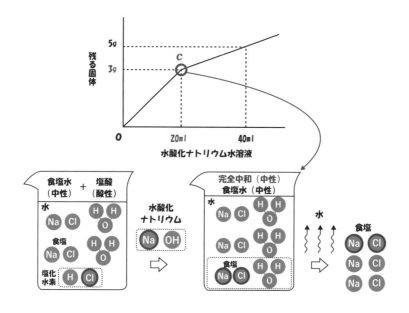

ゲットした勝利のヒント（その1）を、問題用紙に書きこみます。

えん	水ナト	しお	水ナト	ナト
10ml	20ml	3g		

あとは、「水酸化ナトリウム水溶液の状態」だけですね。

赤線で示した D の部分は、部分中和（アルカリ性）の状態。あまった
水酸化ナトリウムが、残る固体としてすこしずつ増えていきます。

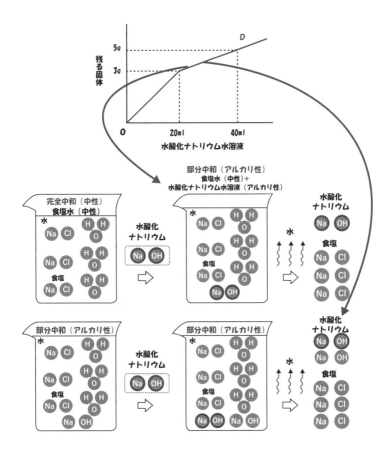

水酸基（OH）のほうが塩素（Cl）よりも軽いため、水酸化ナトリウム
（NaOH）の増えるかたむきが、食塩（NaCl）よりゆるやかですね。

原子周期表

1 H 水素								2 He ヘリウム
3 Li リチウム	4 Be ベリリウム	5 B ホウ素	6 C 炭素	7 N チッ素	8 O 酸素	9 F フッ素	10 Ne ネオン
11 Na ナトリウム	12 Mg マグネシウム	13 Al アルミニウム	14 Si ケイ素	15 P リン	16 S 硫黄	17 Cl 塩素	18 Ar アルゴン

完全中和の後は、水酸化ナトリウム水溶液をくわえても、相手の塩酸が
なくなっているので中和はおこりません。くわえた分だけ、水酸化ナト
リウム水溶液があまっていきます。

あまる水酸化ナトリウム水溶液の分だけ、固体の水酸化ナトリウムが残
るということ。Ｄの部分でおこっている変化の原因は、水酸化ナトリウ
ム水溶液だけです。

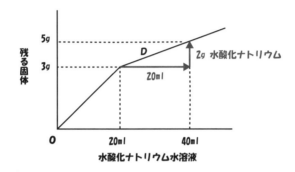

つまり、勝利のヒント２つ目「水酸化ナトリウム水溶液の状態」をつ
かまえるのは**Ｄ**のかたむきであり、水酸化ナトリウム水溶液 20ml に２
ｇの水酸化ナトリウムがふくまれていると分かります。

これで、勝負は決まりました。あとは、何を問われるか待ちかまえるだけ。

えん	水ナト	しお	水ナト	ナト
10ml	20ml	3g	20ml	2g

まとめると、パターン１のグラフ問題における勝利のヒントは、**「グラ
フの折れ曲がった点」**と**「グラフ後半のかたむき」**にあります。

次は、ヒントを表で示す応用問題です。

塩酸 10ml に、水酸化ナトリウム水溶液をすこしずつ加えていきます。
水が蒸発した時に残る固体の量は、以下のようになりました。

水酸化ナトリウム水溶液（ml）	0	10	20	30	40	50
残る固体（g）	0	1.5	3	4	5	6

表をグラフにしてしまえば、さきほどと同じですね。

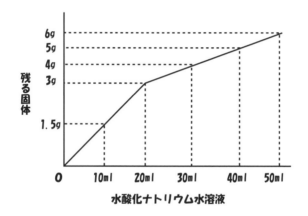

まさか、試験の本番でグラフを書く時間などありませんから、表から勝利のヒントをつかまなければなりません。もちろん、グラフのイメージを思いうかべながら考えると、まちがいは少なくなるはずです。

グラフ問題における勝利のヒントは、「グラフの折れ曲がった点」と「グラフ後半のかたむき」にありましたが、どちらも「グラフのかたむき」に関するもの。要するに、**表からグラフのかたむきを読み取ればよいわ**けです。

水酸化ナトリウム水溶液（ml）	0	10	20	30	40	50
残る固体（g）	0	1.5	3	4	5	6

この場合、水酸化ナトリウム水溶液の量は 10ml ずつ増えています。ですから、加える水酸化ナトリウム水溶液 10ml あたりで、残る固体の増加量を見れば「グラフのかたむき」が分かるはずです。

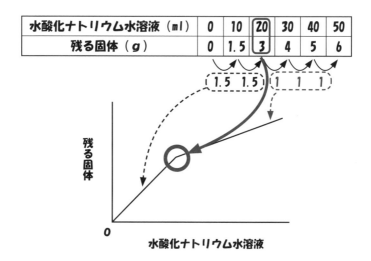

前半は水酸化ナトリウム水溶液 10ml あたり 1.5g、後半が 1g と固体の残りかたが少なくなっています。「グラフの折れ曲がった点」にあたるのは、赤色の部分。「塩酸 10ml に対して水酸化ナトリウム水溶液 20ml で完全中和し、残る固体は 3g」、これが「完全中和の比率」です。

「グラフ後半のかたむき」は「水酸化ナトリウム水溶液 10ml あたり、残る固体は 1g」、これが「水酸化ナトリウム水溶液の状態」。勝利のヒントを 2 つともゲットしてしまったので、試合終了〜！

えん	水ナト	しお	水ナト	ナト
10ml	20ml	3g	10ml	1g

2 つめのパターンは、水溶液の混ぜかたを逆にするものです。

【パターン 2】水酸化ナトリウム水溶液に、塩酸を加えていく

最初に待ちかまえているのは、水酸化ナトリウム水溶液（アルカリ性）。
溶けているのは固体の水酸化ナトリウム（NaOH）ですから、水が蒸発
すると固体の水酸化ナトリウムが残ります。

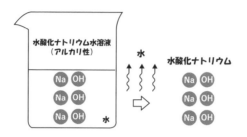

塩酸をすこし加えました。「部分中和（アルカリ性）」の状態で、水が蒸
発したら食塩が残り、水酸化ナトリウムは少なくなります。

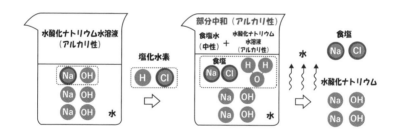

さらに塩酸を加えても、「部分中和（アルカリ性）」の状態。水が蒸発す
ると、水酸化ナトリウムは減り、食塩の量が多くなります。

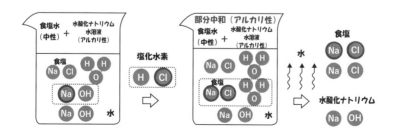

塩酸をさらに加えると、「完全中和（中性）」に。水が蒸発して残る食塩の量は最大となり、水酸化ナトリウムは残りません。解法の【**ステップ1**】でつかまえる**ポイント**です。

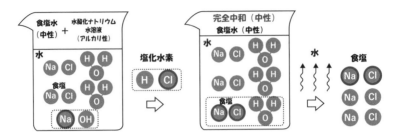

中性の食塩水に塩酸を加えても、中和する相手のない塩化水素（HCl）があまるだけ。水と塩化水素は蒸発し、残る食塩の量は変わりません。

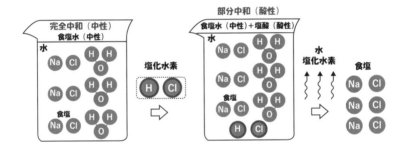

どれほど塩酸を加えても、増えた塩化水素（HCl）は水とともに蒸発しますから、残る食塩の量は変わらないままです。

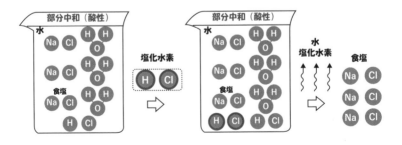

「パターン2（水酸化ナトリウム水溶液に塩酸を加えていく）」は、以下の順で変化をしていくことになります。

【パターン2】

1. **アルカリ性の水酸化ナトリウム水溶液→水酸化ナトリウムが残る**
2. **部分中和（アルカリ性）→水酸化ナトリウムは減り、食塩が増えていく**
3. **完全中和（中性）→食塩が最多、水酸化ナトリウムは残らない**
4. **部分中和（酸性）→食塩の量は変わらないまま**

具体的な応用問題で、本質的な解法【ステップ1】の「完全中和の比率」と「水酸化ナトリウム水溶液の状態」をつかまえてみましょう。

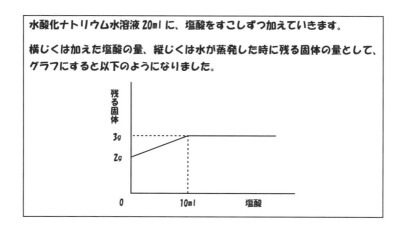

パターン2における変化の順と、グラフとの関係を以下に示します。

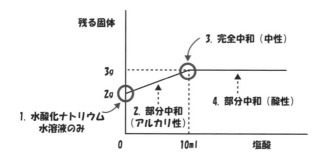

グラフのA点では、まだ塩酸を加えていません。水酸化ナトリウム水溶液だけなので、固体の水酸化ナトリウムが残る状態からスタートです。

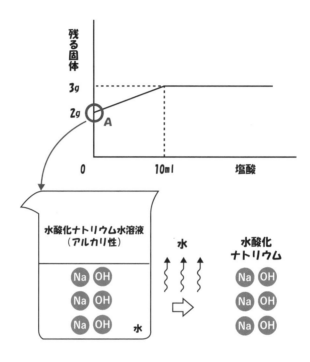

A点の状態が示しているのは、「塩酸を加えない、20mlの水酸化ナトリウム水溶液の水を蒸発すると、2gの固体が残った」ということ。

残るのは水酸化ナトリウムですから、いきなり**勝利のヒント「水酸化ナトリウム水溶液の状態」**を、ゲットすることができました。

えん	水ナト	しお	水ナト	ナト
			20ml	2g

下の赤線で示したところは、部分中和（アルカリ性）の状態。塩酸を加えていくほど、中和が進んでいきます。

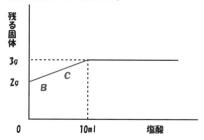

B点は、すこし中和して食塩ができる状態。中和に使われたナトリウム（Na）の分だけ、残る固体のうち水酸化ナトリウム（NaOH）が少なくなるわけです。

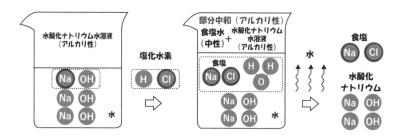

C点では、さらに中和が進みます。パターン1で説明したように、「塩素（Cl）」は「水酸基（OH）」よりも重い部品です。そのため水酸化ナトリウム（NaOH）が減っても、食塩（NaCl）が増えれば、全体としては残る固体の重さが増えていくことになります。

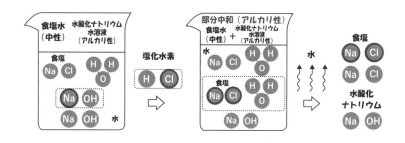

そして、D点が完全中和（中性）。この部分を「完全中和の比率」としてゲットします。つまり、「水酸化ナトリウム水溶液 20ml と塩酸 10ml で完全中和し、そのとき残る食塩は 3g」ということです。

勝利のヒント「完全中和の比率」は、パターン１と同じように**グラフの折れ曲がった点**となります。

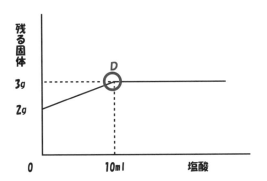

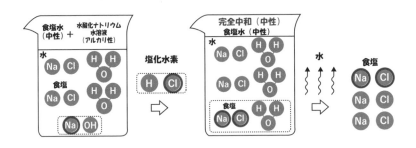

ゲットした勝利のヒントを問題用紙に書きこむと、本質的な解法の【ステップ１】が完了したことになり、またまた試合終了～！

えん	水ナト	しお	水ナト	ナト
10ml	20ml	3g	20ml	2g

下の赤線で示したところは、部分中和（酸性）の状態。塩酸があまっても、残る固体は増えません。

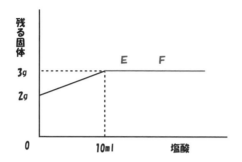

E 点は、完全中和してさらに塩酸を加えた状態。塩化水素（HCl）と中和する相手がいませんから、そのまま水溶液中に残り、水とともに蒸発します。残る固体（食塩）の量は完全中和と変わりません。

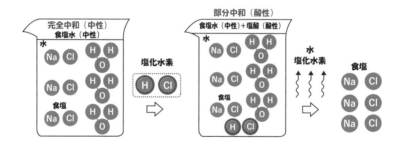

さらに塩酸を加えても、あまる塩化水素（HCl）はすべて蒸発するため、やはり残る固体（食塩）の量は変わらないままです。

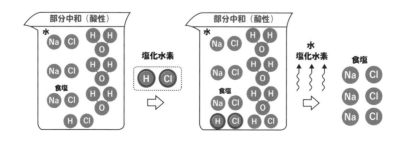

次は、ヒントを表で示す応用問題となります。

水酸化ナトリウム水溶液 20ml に、塩酸をすこしずつ加えていきます。

水が蒸発した時に残る固体の量は、以下のようになりました。

塩酸（ml）	0	5	10	15	20	25
残る固体（g）	2	2.5	3	3	3	3

グラフのイメージを思いうかべながら、表から勝利のヒントをつかみましょう。「水酸化ナトリウム水溶液の状態」はカンタンだし、「完全中和の比率」も「グラフの折れ曲がった点」なので、楽勝ですね。

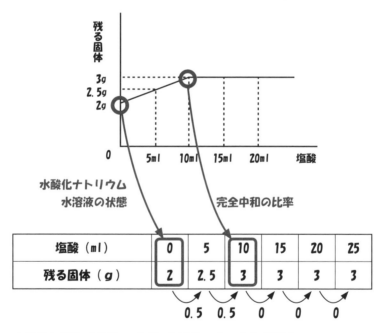

本質的な解法【ステップ１】を終え、完ぺきな状態！

えん	水ナト	しお	水ナト	ナト
10ml	20ml	3g	20ml	2g

応用問題の最重要ポイントと解法を整理しますので、復習に活用してくださいね。

【学習の段階】

> **1. 単純に覚える**

> **2. 仕組みを理解する**
> **（最重要ポイントの理解）**

> **3. 練習して身につける**
> **（本質的な解法の習得）**

【最重要ポイント】

● 本質的な解法【ステップ1】を終えれば、応用問題も確実に正解できる。勝利のヒントは、かならず問題のなかにある。

● 応用問題には2パターンあり、パターン別に着目点が異なる。

● パターン1：塩酸に、水酸化ナトリウム水溶液を加えていく
　　・水が蒸発しても、最初は何も残らない。
　　・部分中和（酸性）：残る食塩が増えていく。
　　・完全中和（中性）：残る食塩の量が最多。
　　・部分中和（アルカリ性）：水酸化ナトリウムが増えていく。

● パターン2：水酸化ナトリウム水溶液に、塩酸を加えていく
　　・最初は、水が蒸発して水酸化ナトリウムが残る。
　　・部分中和（アルカリ性）：残る水酸化ナトリウムの量は減り、
　　　　　　　　　　　　　　　食塩が増えていく。
　　・完全中和（中性）：残る食塩の量が最多。
　　　　　　　　　　　　水酸化ナトリウムは残らない。
　　・部分中和（酸性）：残る食塩の量は変わらないまま。

【学習の段階】

> 1. 単純に覚える

> 2. 仕組みを理解する
>   （最重要ポイントの理解）

> 3. 練習して身につける
>   （本質的な解法の習得）

応用問題の【ステップ１】

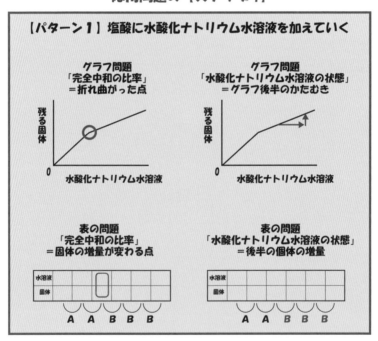

【パターン１】塩酸に水酸化ナトリウム水溶液を加えていく

グラフ問題
「完全中和の比率」
＝折れ曲がった点

残る固体

0　水酸化ナトリウム水溶液

グラフ問題
「水酸化ナトリウム水溶液の状態」
＝グラフ後半のかたむき

残る固体

0　水酸化ナトリウム水溶液

表の問題
「完全中和の比率」
＝固体の増量が変わる点

| 水溶液 | | | | | |
| 固体 | | | | | |

A　A　B　B　B

表の問題
「水酸化ナトリウム水溶液の状態」
＝後半の個体の増量

| 水溶液 | | | | | |
| 固体 | | | | | |

A　A　B　B　B

【学習の段階】

1. 単純に覚える

2. 仕組みを理解する
（最重要ポイントの理解）

3. 練習して身につける
（本質的な解法の習得）

応用問題の【ステップ1】

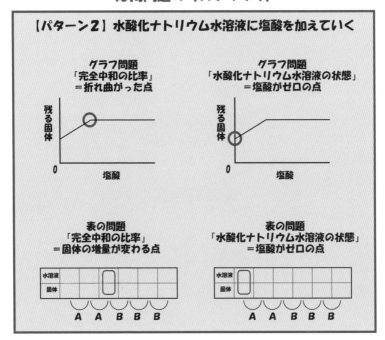

▶▶ 2 溶解度

飽和状態の水溶液に関する溶解度の問題は比例計算なので、中和計算と同じ方法で解くことができます。

【参考】

飽和とは、限度いっぱいまで物質が水に溶けている状態。

溶解度とは、100g の水に溶ける物質の最大の重さ。

【学習の段階】

1. 単純に覚える

2. 仕組みを理解する （最重要ポイントの理解）

3. 練習して身につける （本質的な解法の習得）

溶解度の解法

　問題に登場する項目は、
「水」「溶ける物質」「水溶液」「出てくる結晶」の４項目

【ステップ1】
　飽和状態をつかまえる。

【ステップ2】
　問題で与えられた条件と、最初につかまえた量を比べる。

【ステップ3】
　問題で問われた量を計算する。

溶解度の問題に登場する項目は、「水」「溶ける物質」「水溶液」「出てくる結晶」の４項目です。４項目の「飽和状態」における関係を、最初につかまえてしまいます。

この時点で、勝負は決まり。あとは何かの条件が問題で与えられ、何かが問われます。「問題で与えられた条件」が「最初につかまえた量」の何倍かを確認するだけです。

下の表は、水 100g に溶かすことができるホウ酸の量を示しています。

(1) 40 度の水 200g には、ホウ酸が何 g 溶けますか。

(2) 20 度の飽和水溶液 100g には、ホウ酸が何 g 溶けていますか。

(3) 60 度の水にホウ酸を溶かした飽和水溶液 100g の温度を 20 度にしたとき、結晶として出てくるホウ酸の重さは何 g ですか。

　　割り切れない場合は、小数第 2 位を四捨五入してください。

温度（度）	0	20	40	60	80	100
ホウ酸（g）	2.8	4.9	8.9	14.9	23.5	38.0

---

(1)　40 度の水 200g には、ホウ酸が何 g 溶けますか。

【ステップ1】

この問題に登場する項目は、「40 度の水」と「ホウ酸」の２項目。最初につかまえておくのは、これらの「飽和状態」です。表から 40 度の水 100g には、ホウ酸が 8.9g 溶けて飽和状態になることが分かります。

水（40 度）　　ホウ酸

100g　　　　8.9g

【ステップ2】

問題で与えられた条件は、「40度の水200g」です。この条件を、【ステップ1】でつかまえた量と比べます。

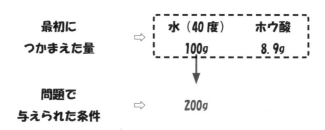

【ステップ3】

問題で問われたホウ酸の溶ける量を、比例計算で求めます。

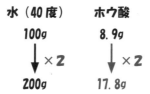

⑵ 20度の飽和水溶液100gには、ホウ酸が何g溶けていますか。

【ステップ1】

この問題に登場する項目は、「20度の飽和水溶液」と「ホウ酸」の2項目です。「水」「溶ける物質」「水溶液」「出てくる結晶」の4項目から、関係するものに関する「飽和状態」を、最初につかまえます。

慣れるまでは、「水」「溶ける物質」「水溶液」を、別々につかまえておくのがオススメです。

水（20度）	ホウ酸	飽和水溶液（20度）
100g	4.9g	104.9g

【ステップ2】

問題で与えられた条件は、飽和水溶液 100 g です。この条件を、【ステップ1】でつかまえた量と比べます。

【ステップ3】

問題で問われた量は、ホウ酸の溶ける量で 4.7g となります。

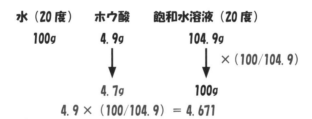

(3) 60 度の水にホウ酸を溶かした飽和水溶液 100g の温度を 20 度にしたとき、結晶として出てくるホウ酸の重さは何 g ですか。

【ステップ1】

この問題は 4 項目すべてが登場するので、最初につかまえておきます。

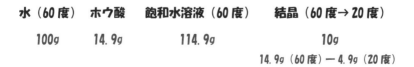

【ステップ2】

問題で与えられた条件は、飽和水溶液 100 g です。この条件を、【ステップ 1】でつかまえた量と比べます。

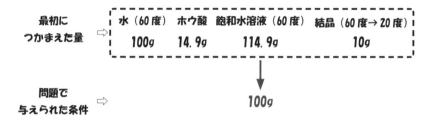

【ステップ3】

問題で問われた量は、60 度から 20 度になったときに出てくる結晶の量（8.7g）です。

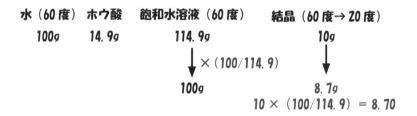

最後に、「飽和水溶液の蒸発問題」を解説します。考えかたを知っておくと、試験の本番でササッと正解できますから、お得ですよ。

> 食塩は、80 度の水 100g に 38.0g 溶けるとします。
>
> 80 度の飽和食塩水 500g から、
>
> その温度のまま 50g の水を蒸発させると、
>
> 食塩の結晶は何 g 出てきますか。

飽和水溶液の水温が変わらなければ、溶解度も同じです。500g の飽和食塩水から、水 50g 分にあたる部分を取りだして考えてみます。

取りだした飽和食塩水（水 50g 分）から水をすべて蒸発させると、何 g の食塩が結晶になって出てくるか、を問うていることになります。

つまり、この問題は「**80 度の水 50g には、何 g の食塩が溶けますか？**」という問いに、置きかえることができるわけです。

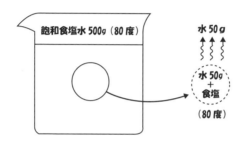

【ステップ1】と【ステップ2】
結局、この問題を解くために必要なのは 2 項目であり、最初につかまえておきます。

水（80度）	食塩
100g	38.0g

【ステップ2】
問題で与えられた条件は、水 50g です。この条件を、【ステップ 1】でつかまえた量と比べます。

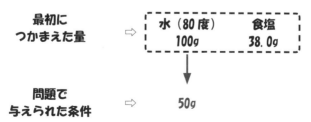

【ステップ3】

問題で問われた量は、80度の水50gに溶ける食塩の量でした。

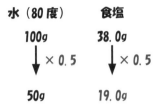

この考えかたは、あくまでも「飽和水溶液」の場合だけなので、注意が必要です。

> ホウ酸は、80度の水100gに23.5g溶けるとします。
> 80度の水100gに、20gのホウ酸をすべて溶かしました。
> この水溶液をあたためて水を何g蒸発させ、ふたたび温度を80度にすると、
> 8.25gのホウ酸が溶けなくなって出てきました。
> 蒸発させた水の重さは、何gだったのでしょうか。

たとえば上の問題は、「飽和水溶液の蒸発問題」ではありません。なぜならば、80度の水100gにホウ酸を20g溶かしても飽和水溶液ではないので、蒸発させた水も「飽和水溶液の蒸発」ではないからです。

あたためて温度を80度にもどした水溶液は、ホウ酸が溶けなくなって出てきたのだから飽和水溶液です。溶けているホウ酸は11.75g（20g－8.25g）。つまり、11.75gのホウ酸が飽和するための水（80度）の重さを求める必要があります。

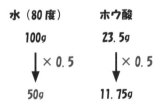

残った水溶液の水が50gなので、**蒸発させた水は50g**（100g－50g）だったことが分かりますね。

■著者プロフィール■

東　荘一

京都大学航空工学科、東京大学大学院（航空学）、アクセンチュアを経て、教育業務を開始。

業界最大手の中学受験塾で、小学3～6年生3千名以上の理科を担当。あらゆるタイプの生徒に対して、習熟度に応じた幅広い学習指導を行う。

学習方法や各テーマの解説をおこなう、小学生向けサイト（偏差値アップの勉強法）を運営（以下のリンク）。

https://rikanojugyou.com

中学受験理科

地頭の良い子に勝つ最後の授業

【伝家の宝刀】力学・天体・化学計算の解法

2021 年 12 月 5 日　　初版第 1 刷発行

著　者　　東　　荘　一
編集人　　清　水　智　則
発行所　　エール出版社
〒 101-0052　東京都千代田区神田小川町 2-12
信愛ビル 4 F
e-mail　info@yell-books.com
電　話　　03（3291）0306
ＦＡＸ　　03（3291）0310

＊定価はカバーに表示してあります。
乱丁・落丁本はおとりかえいたします。
© 禁無断転載
ISBN978-4-7539-3515-4

小学5・6年生対象

中学受験理科
地頭の良い子に勝つ
17日間の授業

「理科は苦手、嫌い、無理」という人へ！
得点するための最重要ポイントだけを伝授

第1章　偏差値アップの勉強法

第2章　17日間の授業

【1日目】地学（地層の対比）
【2日目】生物（人体の血液循環）
【3日目】物理（力学：ふりこ）
【4日目】物理（力学：ばね）
【5日目】物理（力学：浮力）
【6日目】物理（電気：電気回路1）
【7日目】物理（電気：電気回路2）
【8日目】物理（電気：電気回路3）
【9日目】物理（電気：磁力線）
【10日目】物理（電気：電磁石）
【11日目】物理（電気：電熱線）
【12日目】物理（電気：電気回路4）
【13日目】地学（太陽の動き1）
【14日目】地学（太陽の動き2）
【15日目】地学（太陽の動き3）
【16日目】化学（ろうそくの燃焼）
【17日目】生物（植物の呼吸と光合成）

第3章　暗記テーマの覚え方

第4章　参考

東　荘一著

ISBN978-4-7539-3484-3

◎本体1500円（税別）

単なる丸覚えから脱し、論述や理由を問う学校の
入試対策に役立つ!!

中学受験
論述でおぼえる最強の理科

第1章　植物編／第2章　生態系・環境編／第3章
動物編／第4章　人体編／第5章　電気・磁石・電
磁石編／第6章　天体・星・月編／第7章　燃焼編
／第8章　熱編／第9章　気体・圧力編／第10章
力学編／第11章　気象・天気編／第12章　台地・地層・
地球史編／第13章　音・光編

ISBN978-4-7539-3449-2

中学受験
論述でおぼえる最強の社会

第1章　地理分野

　　農業・水産・林業

「なぜ」に特化し、論述力も同時に
鍛えられる画期的問題集が誕生!!

第2章　歴史分野

　　古代から平安／鎌倉・室町時代・戦国時代／江戸時
　　代／明治維新から第二次世界大戦／戦後

第3章　公民分野

　　法・政治・国会／暮らし・社会・経済関連／国際社会・
　　世界／環境問題・世界遺産・時事問題

大好評！
改訂4版出来!!

ISBN978-4-7539-3476-8

長谷川智也・著　　　　　　　　　◎本体各1500円（税別）

中学受験国語
選択肢問題の徹底攻略

選択肢問題でもう迷わない！
選択肢問題の正しい解き方を完全伝授！

① 選択肢問題で間違いが多くて困っている。
② 選択肢問題がもっとできるようになりたい。
「本文がわかっているのに間違える」という選択肢問題をどうやって攻略するか、その技術を本書に網羅。

第1章 選択肢問題の解き方の技術
第2章 選択肢問題の四つのパターン
第3章 選択肢問題・演習編

ISBN978-4-7539-3505-5

中学受験国語
記述問題の徹底攻略

苦手な「規則性の問題」を何とかしたいあなたへ！
たった4つの記述パターンで書けるようになる！

　本書の目的は、中学受験国語の記述問題で、「何を書いたらいいのか」「どうやって書いたらいいのか」を理解し、解答をすらすら書けるようになることです。そのためにはまず、本書の〈第一章 記述問題の準備編〉と〈第二章 記述問題・パターン別の書き方〉を熟読してください。そしてその中に出てくる〈解答のルール〉と〈傍線部のルール〉、さらには「四つのパターン別の記述問題の書き方」を理解してください。ここまでを十分に身につけることが大切です。

ISBN978-4-7539-3460-7

若杉朋哉・著　　　　　　　●本体各 1500 円（税別）

早稲田・慶應中学の社会
偏差値 40 台からの大逆転合格法

早稲田系中学・慶應系中学合格実績 No.1 の
塾講師が教える社会の勉強法

第 1 章：早稲田・慶應の地理
第 2 章：早稲田・慶應の歴史
第 3 章：早稲田・慶應の公民
第 4 章：早稲田・慶應で合否に差がつく問題編

　　　四六判・本体 1600 円（税別）

望月裕一・著

ISBN978-4-7539-3472-0

中学受験社会
思考力を身につけるレッスン帳

学校では教えてくれない
難関私立校、公立中高一貫校などで増え続ける
思考力問題の対策法を伝授

第 1 章：地理地形／第 2 章：地理産業
第 3 章：歴史分野／第 4 章：公民分野
第 5 章：国際社会／第 6 章：SDGs
第 7 章：AL 問題

　　　四六判・本体 1500 円（税別）

田中則行・著

ISBN978-4-7539-3486-7

灘中・開成中・筑駒中
受験生が必ず
解いておくべき 算数 101 問

入試算数最高峰レベルの問題を解く前に、
これだけは押さえておきたい問題を厳選。

第 1 部：101 問の前に　基本の確認 35 問
　　和と差に関する文章題／比と割合に関する文章題／
　　数と規則性／平面図形／立体図形／速さ／場合の数
第 2 部：灘中・開成中・筑駒中受験生が
　　　　必ず解いておくべき 101 問
　　数の性質／規則性／和と差に関する文章題／
　　比と割合に関する文章題／平面図形／立体図形／
　　速さ／図形の移動／水問題／場合の数
算数ソムリエ・著　本体 1500 円（税別）・・・・・・・ISBN978-4-7539-3499-7

東大卒のお母さんが教える！
お絵かき算数

1 章　トレーニング編
　❶ 数の仕組みを理解して、楽に計算しよう
　❷ だんご図をマスターしよう
　❸ 問題を「見える化」しよう
2 章　分野別
　❶ いろいろな数と計算
　❷ 割合
　❸ 方程式
3 章　実践編
　　いろいろな文章題を絵、図、方程式を使って解いてみよう

中村希・著　本体 1500 円（税別）・・・・・・・・・・・・・ISBN978-4-7539-3497-3